Envie de...
riz & risotto

Bath • New York • Singapore • Hong Kong • Cologne • Delhi
Melbourne • Amsterdam • Johannesburg • Auckland • Shenzhen

Copyright © Parragon Books Ltd
Queen Street House
4 Queen Street
Bath, BA1 1HE
Royaume-Uni

Conception et réalisation : Terry Jeavons & Company

Copyright © Parragon Books Ltd 2007 pour l'édition française
Réalisation : InTexte, Toulouse

Tous droits réservés. Aucune partie de ce livre ne peut être reproduite, stockée ou transmise par quelque moyen électronique, mécanique, de reprographie, d'enregistrement ou autres que ce soit sans l'accord préalable des ayants droit.

ISBN : 978-1-4075-1054-5

Imprimé en Chine

Une cuillerée à soupe correspond à 15 à 20 g d'ingrédients secs et à 15 ml d'ingrédients liquides. Une cuillerée à café correspond à 3 à 5 g d'ingrédients secs et à 5 ml d'ingrédients liquides. Sans autre précision, le lait est entier, les œufs sont de taille moyenne et le poivre est du poivre noir fraîchement moulu. Les temps de préparation et de cuisson des recettes pouvant varier en fonction, notamment, du four utilisé, ils sont donnés à titre indicatif.

La consommation des œufs crus ou peu cuits est déconseillée aux enfants, aux personnes âgées, malades ou convalescentes, et aux femmes enceintes.

Envie de...
riz & risotto

introduction	4
soupes & repas légers	6
viandes, volailles & fruits de mer	52
plats de légumes	126
plats d'accompagnement	180
desserts	218
index	240

introduction

Le riz est un de ces aliments dits « essentiels » qui méritent cette appellation. Grain très sain, pauvre en graisses, riche sur le plan nutritionnel, il ne prend que quelques minutes à cuire et se prête à d'interminables transformations. Il est consommé dans le monde entier, ce qui confère une grande diversité aux recettes, dont les résultats vous feront oublier qu'elles reposent toutes sur le riz !

L'utilisation de riz pour vos repas se justifie pleinement : il arrive chez vous sous un conditionnement très pratique, son paquet se range facilement dans votre armoire et il peut y rester près d'un an sans perdre de sa qualité. Vous l'aurez à portée de main pour le servir en toute simplicité, avec un peu de beurre ou d'huile d'olive, ou peut-être un léger assaisonnement au citron vert, de la ciboulette ou quelques épices. Il sera la base de votre plat principal, et s'adaptera à toutes vos envies.

Le riz se décline sous de nombreuses variétés : veillez à bien respecter les spécifications de la recette. La cuisine de l'Est asiatique utilise un grain long, souvent parfumé au jasmin, ainsi qu'un riz collant, excellent pour les desserts. Le basmati indien possède un arôme particulier. On le vend sous sa forme brune (grain brut) ou blanche (grain ayant subi un traitement). Le riz que l'on cultive aux États-Unis est long et trouve de multiples usages. En Italie, où le risotto est l'un des plats favoris, et en Espagne, où il constitue la base de la paella, le riz est de forme ronde. Lorsque vous choisissez l'une ou l'autre de ces spécialités, il est essentiel de ne pas se tromper de riz.

Pour obtenir le maximum de bienfaits nutritionnels, optez pour le riz bruni, souvent privilégié par les végétariens en raison de sa forte teneur

en vitamines B. Essayez aussi le riz sauvage, noir et long, dont la texture élastique donne un bel effet lorsqu'il est mélangé au riz blanc dans les salades. Le riz rouge à la fragrance de noix est cultivé en Camargue.

Quel que soit votre choix, vous serez séduit !

soupes & repas légers

Point de départ idéal d'un repas léger, le riz se prépare vite. Si vous avez un week-end bousculé ou que vous êtes épuisé après une journée de travail, vous pouvez bénéficier d'un repas sain et nourrissant sans consacrer beaucoup de temps à sa préparation. Le riz étant très digeste, il convient parfaitement au repas de midi ou à un dîner tardif. Si vous êtes allergique au gluten, c'est le moyen d'échapper aux pâtes tout en prenant une collation rapide.

Les soupes additionnées d'un peu de riz sont excellentes au début d'un repas : le féculent vient caler la première faim. Un simple risotto exige moins d'une demi-heure de préparation, mais son allure et son goût impressionnent les invités. Si vous recevez des amis, proposez-leur un risotto au citron & au romarin ou un risotto du soleil. Les jours froids, ce plat vous apportera un avant-goût des beaux jours, tout comme la paella aux noix de cajou.

La cuisson à la poêle, qui a la faveur des pays de l'Asie de l'Est et du Sud-Est, est reconnue comme une méthode de cuisson très saine, car les ingrédients sont cuits assez rapidement pour que toute leur valeur nutritionnelle soit préservée. Essayez le riz frit au poulet, ce plat regorge de tonus !

soupe d'agneau au riz

ingrédients

POUR 4 PERSONNES

150 g de viande d'agneau
sel
50 g de riz
850 ml de bouillon d'agneau
1 poireau, émincé
1 gousse d'ail, finement émincée
2 cuil. à café de sauce de soja claire
1 cuil. à café de vinaigre de vin de riz
1 champignon de couche, émincé

méthode

1 À l'aide d'un couteau tranchant, dégraisser la viande et couper en fines lanières. Réserver.

2 Porter à ébullition une casserole d'eau salée, ajouter le riz et porter de nouveau à ébullition. Remuer une fois, réduire le feu et cuire 10 à 15 minutes, jusqu'à ce qu'il soit tendre. Égoutter, rincer à l'eau courante et égoutter de nouveau. Réserver.

3 Dans une autre casserole, verser le bouillon, porter à ébullition et ajouter la viande, l'ail, la sauce de soja, le poireau et le vinaigre de vin de riz. Réduire le feu, couvrir et laisser mijoter 10 minutes, jusqu'à ce que la viande soit tendre et bien cuite.

4 Ajouter les lamelles de champignon et le riz cuit, et laisser mijoter encore 2 à 3 minutes, jusqu'à ce que les champignons soient cuits. Répartir la soupe dans 4 bols chauds et servir immédiatement.

porc pimenté & sa soupe au riz et aux œufs

ingrédients

POUR 4 PERSONNES

- 350 g d'échine de porc, avec la peau
- 2 cuil. à café de pâte de piment
- 85 g de riz au jasmin
- 850 ml de bouillon de poule
- 1 cuil. à soupe de pâte de curry thaïe rouge
- 1 cuil. à café de pâte de crevette
- 2 tiges de lemon grass, coupées en deux
- 1 morceau de gingembre frais de 2 cm, coupé en fines rondelles
- 2 œufs
- 4 oignons verts, hachés
- 2 piments rouges frais, coupés en lamelles
- 4 brins de basilic thaï frais

méthode

1 Retirer la peau de l'échine en la laissant attachée à une extrémité, enduire la viande de pâte de piment et remettre la peau en place. Mettre dans un plat à rôti et cuire au four préchauffé 40 à 45 minutes à 200 °C (th. 6-7), jusqu'à ce que la viande soit croustillante et dorée. Couper en tranches épaisses puis en fines lanières, hacher la peau grillée et réserver.

2 Rincer le riz plusieurs fois à l'eau courante jusqu'à ce qu'il rende une eau claire et égoutter.

3 Dans une casserole, verser le bouillon, ajouter la pâte de curry, le lemon grass, le gingembre et la pâte de crevette, et porter à ébullition. Ajouter le riz, porter de nouveau à ébullition et réduire le feu. Laisser mijoter 10 à 12 minutes.

4 Casser les œufs dans la soupe, laisser légèrement prendre, puis casser le jaune et incorporer rapidement au riz. Laisser mijoter encore 3 à 4 minutes, jusqu'à ce que le riz soit cuit. Incorporer les oignons verts et les piments, répartir dans des bols chauds et servir garni de lamelles de porc, de morceaux de peau grillée et de brins de basilic.

soupe de tomate au riz & à l'estragon

ingrédients

POUR 4 PERSONNES

2 cuil. à soupe d'huile d'olive
2 gousses d'ail, hachées
2 oignons rouges, hachés
1 poivron rouge, épépiné et haché
8 tomates, mondées, épépinées et concassées
1 litre de bouillon de légumes
1 branche de céleri, parée et émincée
175 g de riz brun
1 cuil. à soupe d'estragon frais haché
sel et poivre
100 ml de crème fraîche épaisse
brins d'estragon frais, en garniture
pain frais, en accompagnement

méthode

1 Dans une casserole, chauffer l'huile, ajouter l'ail et les oignons, et cuire 3 minutes à feu moyen sans cesser de remuer, jusqu'à ce qu'ils soient tendres. Ajouter le poivron et les tomates, et cuire encore 2 minutes sans cesser de remuer. Mouiller avec le bouillon, ajouter le riz, le céleri et l'estragon, saler et poivrer. Porter à ébullition, réduire le feu et laisser mijoter 30 minutes. Retirer du feu et laisser tiédir 10 minutes.

2 Transférer la moitié de la préparation dans un robot de cuisine, mixer et reverser dans la casserole. Cuire 5 minutes, ajouter la crème fraîche et cuire encore 5 minutes. Retirer du feu, répartir dans des bols chauds et garnir de brins d'estragon. Servir accompagné de pain frais.

sauté de riz chinois

ingrédients

POUR 4 PERSONNES

700 ml d'eau
1/2 cuil. à café de sel
300 g de riz long-grain
2 œufs
sel et poivre
4 cuil. à café d'eau froide
3 cuil. à soupe d'huile de tournesol
4 oignons verts, émincés en biais
1 poivron rouge, jaune ou vert, épépiné et coupé en fines lanières
3 ou 4 tranches de lard maigre, coupées en lanières
200 g de germes de soja
125 g de petits pois surgelés, décongelés
2 cuil. à soupe de sauce de soja (facultatif)

méthode

1 Dans un wok, verser l'eau, ajouter le sel et porter à ébullition. Rincer le riz à l'eau courante jusqu'à ce qu'il rende une eau claire, égoutter et ajouter à l'eau bouillante. Mélanger, couvrir et laisser mijoter 12 à 13 minutes. (Ne pas retirer le couvercle en cours de cuisson car la vapeur s'échapperait et le riz ne serait pas cuit.)

2 Retirer le couvercle, aérer les grains de riz à l'aide d'une fourchette et étaler sur une assiette ou du papier sulfurisé. Laisser refroidir et sécher.

3 Battre un œuf, saler, poivrer et incorporer 2 cuillerées à café d'eau. Dans un wok, chauffer 1 cuillerée à soupe d'huile, verser l'omelette et cuire sans remuer jusqu'à ce qu'elle ait pris. Transférer sur une planche à découper et couper en lanières. Répéter l'opération avec l'œuf restant.

4 Ajouter l'huile restante dans le wok, chauffer et ajouter les oignons verts et le poivron. Faire revenir 1 à 2 minutes, ajouter le lard et cuire encore 2 minutes. Ajouter les pousses de soja et les petits pois, bien mélanger et incorporer éventuellement la sauce de soja.

5 Ajouter le riz, saler, poivrer et faire revenir 1 minute. Ajouter les lanières d'omelette et faire revenir encore 2 minutes, jusqu'à ce que le riz soit très chaud. Servir immédiatement.

riz & petits pois à l'italienne

ingrédients

POUR 4 PERSONNES

1 litre de bouillon de poule ou de légumes, frémissant
85 g de beurre
3 échalotes, finement hachées
115 g de pancetta ou de lard maigre, coupé en dés
280 g de riz arborio
150 ml de vin blanc sec
225 g de petits pois surgelés, décongelés
sel et poivre
copeaux de parmesan, en garniture

méthode

1 Dans une casserole, faire fondre 55 g de beurre, ajouter les échalotes et la pancetta, et cuire 5 minutes à feu doux en remuant de temps en temps, jusqu'à ce que les échalotes soient tendres. Ajouter le riz et cuire 2 à 3 minutes sans cesser de remuer, jusqu'à ce qu'il soit translucide.

2 Mouiller avec le vin et cuire sans cesser de remuer jusqu'à évaporation. Mouiller avec une louche de bouillon, cuire sans cesser de remuer jusqu'à absorption et cuire encore 10 minutes en continuant à ajouter du bouillon.

3 Ajouter les petits pois et cuire encore 10 minutes en continuant à ajouter du bouillon, jusqu'à ce que le riz soit tendre et que tout le bouillon ait été absorbé.

4 Incorporer le beurre restant, saler et poivrer. Transférer dans des assiettes chaudes, garnir de copeaux de parmesan et servir immédiatement.

risotto aux épinards & au jambon

ingrédients

POUR 4 PERSONNES

225 g de pousses d'épinards fraîches
115 g de jambon cuit
1 litre de bouillon de poule, frémissant
1 cuil. à soupe d'huile d'olive
40 g de beurre
1 petit oignon, finement haché
280 g de riz pour risotto
150 ml de vin blanc sec
50 ml de crème fraîche liquide
85 g de parmesan, fraîchement râpé
sel et poivre

méthode

1 Rincer les pousses d'épinards et ciseler finement. Couper le jambon en julienne.

2 Dans une casserole, chauffer l'huile et 25 g de beurre à feu moyen, ajouter l'oignon et cuire 5 minutes en remuant de temps en temps, jusqu'à ce qu'il soit tendre et commence à dorer.

3 Réduire le feu, ajouter le riz et mélanger de façon à enrober les grains d'huile et de beurre. Cuire 2 à 3 minutes à feu moyen sans cesser de remuer, jusqu'à ce que les grains de riz soient translucides. Mouiller avec le vin et cuire 1 minute sans cesser de remuer jusqu'à ce que la préparation ait réduit.

4 Mouiller avec une louche de bouillon, cuire sans cesser de remuer jusqu'à absorption et répéter l'opération avec le bouillon restant. Le risotto doit rester frémissant. L'opération prend environ 20 minutes. Ajouter les épinards et le jambon avec la dernière louche de bouillon.

5 Retirer le risotto du feu, ajouter le beurre restant et la crème fraîche, et mélanger. Incorporer le parmesan de sorte qu'il fonde, saler, poivrer et servir immédiatement.

riz au chorizo & aux crevettes

ingrédients

POUR 4 PERSONNES

2 cuil. à soupe d'huile d'olive
1 gros oignon, haché
1 poivron rouge, évidé, épépiné et haché
1 poivron vert, évidé, épépiné et haché
2 gousses d'ail, hachées
1 grosse tomate, hachée
200 g de riz
sel et poivre
200 g de chorizo, coupé en rondelles de 0,5 cm d'épaisseur
450 ml de fumet de poisson ou de bouillon de poule
450 g de grosses crevettes crues, décortiquées et déveinées
2 cuil. à soupe de persil frais finement haché, en garniture

méthode

1 Dans une poêle, chauffer l'huile à feu moyen à vif, ajouter l'oignon et les poivrons, et cuire 2 minutes. Ajouter l'ail et cuire 3 minutes en remuant de temps en temps, jusqu'à ce que l'oignon et les poivrons soient tendres, sans laisser dorer.

2 Ajouter les tomates et le riz, saler, poivrer et cuire encore 2 minutes.

3 Incorporer le chorizo, mouiller avec le bouillon et porter à ébullition. Réduire le feu, couvrir et laisser mijoter 15 minutes, jusqu'à ce que le riz soit tendre, mais le bouillon pas entièrement absorbé.

4 Incorporer les crevettes, couvrir et cuire environ 5 minutes, jusqu'à ce qu'elles soient roses et que tout le bouillon soit absorbé. Si tout le bouillon n'est pas absorbé, cuire encore 2 minutes sans couvrir. Rectifier l'assaisonnement, garnir de persil et servir.

riz frit au poulet

ingrédients

POUR 4 PERSONNES

1/2 cuil. à soupe d'huile de sésame
6 échalotes, pelées et coupées en 4 quartiers
450 g de poulet, coupé en cubes
3 cuil. à soupe de sauce de soja
2 carottes, coupées en dés
1 branche de céleri, coupée en dés
1 poivron jaune, coupé en dés
175 g de petits pois frais
100 g de maïs en boîte
275 g de riz long-grain cuit
2 gros œufs, brouillés

méthode

1 Dans une poêle, chauffer l'huile à feu moyen, ajouter les échalotes et faire revenir jusqu'à ce qu'elles soient tendres. Ajouter le poulet et 2 cuillerées à soupe de sauce de soja, et faire revenir 5 à 6 minutes.

2 Incorporer les carottes, le céleri, le poivron, les petits pois et le maïs, et faire revenir encore 5 minutes. Ajouter le riz et bien chauffer le tout.

3 Incorporer les œufs brouillés et la sauce de soja restante, et servir immédiatement.

en-cas au poisson

ingrédients

POUR 4 À 6 PERSONNES

100 g de riz brun
quelques filaments de safran
300 g de filets de haddock
1 feuille de laurier
1 gros oignon
150 ml de lait
115 g de haricots verts, hachés
2 cuil. à soupe d'huile d'olive
1 ou 2 gousses d'ail, hachées
150 ml de fumet de poisson
115 g de grains de maïs
2 tomates, concassées
225 g de grosses crevettes crues, décortiquées
sel et poivre
1 cuil. à soupe de coriandre fraîche hachée

méthode

1 Porter à ébullition une casserole d'eau salée, ajouter le riz et le safran, et cuire 25 minutes, jusqu'à ce qu'il soit tendre. Égoutter et réserver.

2 Rincer le haddock, mettre dans une poêle et ajouter la feuille de laurier. Prélever quelques lamelles dans l'oignon et ajouter dans la poêle. Verser le lait, porter à ébullition et réduire le feu. Laisser mijoter 10 minutes, jusqu'à ce que le poisson soit cuit. Égoutter et laisser tiédir. Retirer la peau et les arêtes, et couper la chair en morceaux.

3 Porter à ébullition une casserole d'eau salée, ajouter les haricots et cuire 5 minutes. Rafraîchir à l'eau courante, égoutter et réserver.

4 Hacher l'oignon restant. Dans une poêle, chauffer l'huile à feu moyen, ajouter l'oignon et l'ail, et cuire 5 minutes en remuant souvent. Ajouter le riz, le poisson, les haricots, le maïs, les tomates et les crevettes, mouiller avec le bouillon et cuire 10 minutes en remuant de temps en temps, jusqu'à ce que les crevettes soient cuites. Saler, poivrer, incorporer la coriandre et servir.

risotto à la trévise

ingrédients

POUR 6 À 8 PERSONNES

1 trévise, parée

1,5 l de bouillon de légumes ou de poule, frémissant

2 cuil. à soupe d'huile d'olive ou de tournesol

25 g de beurre

115 g de pancetta ou de fines tranches de lard, coupées en dés

1 gros oignon, finement haché

1 gousse d'ail, finement hachée

400 g de riz pour risotto

50 ml de crème fraîche épaisse

55 g de parmesan, fraîchement râpé

3 à 4 cuil. à soupe de persil plat frais haché

sel et poivre

méthode

1 Couper la trévise en deux dans la hauteur et retirer le cœur blanc. Sur une planche à découper, disposer les moitiés de trévise côté coupé vers le bas, émincer et réserver.

2 Dans une casserole, chauffer l'huile et le beurre à feu moyen, ajouter la pancetta et cuire 3 à 4 minutes en remuant de temps en temps, jusqu'à ce qu'elle commence à dorer. Ajouter l'oignon et l'ail, et cuire encore 1 minute.

3 Réduire le feu, ajouter le riz et mélanger de façon à enrober les grains d'huile et de beurre. Cuire 2 à 3 minutes à feu moyen sans cesser de remuer, jusqu'à ce que les grains de riz soient translucides. Incorporer la trévise et cuire 1 minute sans cesser de remuer, jusqu'à ce qu'elle soit flétrie.

4 Mouiller avec une louche de bouillon, cuire sans cesser de remuer jusqu'à absorption et répéter l'opération avec le bouillon restant. Le risotto doit rester frémissant. L'opération prend environ 20 minutes.

5 Incorporer la crème fraîche, le parmesan et le persil, et saler et poivrer à volonté. Retirer le risotto du feu, répartir dans des assiettes chaudes et servir immédiatement.

riz au thon

ingrédients

POUR 4 PERSONNES

3 cuil. à soupe d'huile d'arachide ou de maïs
4 oignons verts, hachés
2 gousses d'ail, finement hachées
200 g de thon en boîte à l'huile, égoutté et émietté
175 g de maïs et de poivrons en boîte
750 g de riz cuit, froid
2 cuil. à soupe de sauce de poisson thaïe
1 cuil. à soupe de sauce de soja claire
sel et poivre
2 cuil. à soupe de coriandre fraîche hachée, en garniture

méthode

1 Dans un wok ou une poêle, chauffer l'huile, ajouter les oignons verts et faire revenir 2 minutes. Ajouter l'ail et faire revenir encore 1 minute.

2 Ajouter le thon, le maïs et les poivrons, et faire revenir 2 minutes.

3 Ajouter le riz, la sauce de poisson et la sauce de soja, et faire revenir 2 minutes. Saler, poivrer et servir immédiatement, garni de coriandre.

riz frit au crabe

ingrédients

POUR 4 PERSONNES

150 g de riz long grain
sel
2 cuil. à soupe d'huile de noix
125 g de chair de crabe en boîte, égouttée
1 poireau, émincé
150 g de germes de soja
2 œufs, battus
1 cuil. à soupe de sauce de soja claire
2 cuil. à café de jus de citron vert
1 cuil. à café d'huile de sésame
rondelles de citron vert, en garniture

méthode

1 Porter à ébullition une casserole d'eau salée, ajouter le riz et cuire 15 minutes. Égoutter, rincer à l'eau courante et égoutter de nouveau.

2 Dans un wok ou une poêle, chauffer l'huile, ajouter la chair de crabe, le poireau et les pousses de soja, et faire revenir 2 à 3 minutes. Retirer la préparation à l'aide d'une écumoire et réserver.

3 Ajouter les œufs dans le wok et cuire 2 à 3 minutes en remuant de temps en temps, jusqu'à ce que les œufs commencent à prendre. Ajouter le riz et la préparation réservée, et bien mélanger le tout.

4 Ajouter la sauce de soja et le jus de citron vert, et cuire 1 minute sans cesser de remuer. Arroser d'huile de sésame, mélanger et servir garni de rondelles de citron vert.

salade de riz aux crevettes

ingrédients

POUR 4 PERSONNES

175 g d'un mélange de riz long grain et de riz sauvage
350 g de crevettes cuites, décortiquées
1 mangue, pelée, dénoyautée et coupée en dés
4 oignons verts, émincés
25 g d'amandes effilées
1 cuil. à soupe de menthe fraîche finement hachée
sel et poivre

sauce

1 cuil. à soupe d'huile d'olive vierge extra
2 cuil. à café de jus de citron vert
1 gousse d'ail, hachée
1 cuil. à café de miel
sel et poivre

méthode

1 Porter une casserole d'eau salée à ébullition, ajouter le riz et porter de nouveau à ébullition. Cuire 35 minutes, jusqu'à ce que le riz soit tendre, égoutter et transférer dans une terrine. Incorporer les crevettes.

2 Pour la sauce, mélanger l'huile d'olive, le jus de citron vert, l'ail et le miel, saler et poivrer. Battre la sauce, ajouter dans la terrine et bien mélanger.

3 Ajouter la mangue, les oignons verts, les amandes et la menthe, saler et poivrer. Bien mélanger, transférer dans un saladier et servir.

riz aux crevettes & au lait de coco

ingrédients

POUR 4 PERSONNES

115 g de champignons chinois déshydratés
1 cuil. à soupe d'huile
6 oignons verts, hachés
55 g de noix de coco déshydratée non sucrée
1 piment vert frais, épépiné et haché
225 g de riz au jasmin
150 ml de fumet de poisson
400 ml de lait de coco
350 g de crevettes cuites décortiquées
6 brins de basilic frais thaï

méthode

1 Dans un bol, mettre les champignons, couvrir d'eau chaude et laisser tremper 30 minutes. Égoutter, jeter les pieds et émincer.

2 Dans un wok, chauffer 1 cuillerée à soupe d'huile, ajouter les oignons verts, la noix de coco et le piment, et faire revenir 2 à 3 minutes, jusqu'à ce qu'ils soient légèrement dorés. Ajouter les champignons et faire revenir 3 à 4 minutes.

3 Ajouter le riz et faire revenir 2 à 3 minutes. Mouiller avec le bouillon, porter à ébullition et réduire le feu. Mouiller avec le lait de coco et laisser mijoter 10 à 15 minutes, jusqu'à ce que le riz soit tendre. Incorporer les crevettes et le basilic, réchauffer le tout et servir immédiatement.

pilaf de crevettes

ingrédients

POUR 4 PERSONNES

3 cuil. à soupe d'huile d'olive
1 oignon, finement haché
1 poivron rouge, épépiné et émincé
1 gousse d'ail, hachée
225 g de riz long-grain
750 ml de fumet de poisson
　 ou de bouillon de poule
　 ou de légumes
1 feuille de laurier
sel et poivre
400 g de crevettes, cuites et décortiquées
crevettes cuites entières,
　 quartiers de citron
　 et olives noires,
　 en garniture
fromage de type romano,
　 râpé, et cubes de feta,
　 en accompagnement

méthode

1 Dans une poêle, chauffer l'huile, ajouter l'oignon, le poivron et l'ail, et faire revenir 5 minutes, jusqu'à ce qu'ils soient tendres. Ajouter le riz et cuire 2 à 3 minutes sans cesser de remuer, jusqu'à ce que les grains de riz soient translucides.

2 Mouiller avec le bouillon, ajouter le laurier, saler et poivrer. Porter à ébullition, couvrir hermétiquement et laisser mijoter environ 15 minutes, jusqu'à ce que le riz soit tendre et que tout le liquide soit absorbé. Ne pas remuer en cours de cuisson. Incorporer délicatement les crevettes dans la poêle.

3 Retirer le couvercle, couvrir avec un torchon humide et remettre le couvercle. Laisser reposer 10 minutes au chaud. Mélanger à l'aide d'une fourchette de façon à séparer les grains.

4 Servir garni de crevettes entières, de quartiers de citron et d'olives noires. Parsemer de romano râpé et de cubes de feta.

riz jamaïcain aux haricots

ingrédients

POUR 6 À 8 PERSONNES

450 g de haricots cornilles,
  mis à tremper une nuit
2 cuil. à soupe d'huile
1 gros oignon, haché
2 à 3 gousses d'ail, hachées
2 piments rouges frais,
  épépinés et hachés
450 g de riz long grain
400 ml de lait de coco
3/4 de cuil. à café de thym séché
sel

salsa à la tomate

4 tomates, épépinées
  et concassées
1 oignon rouge, haché
4 cuil. à soupe de coriandre
  fraîche hachée
2 gousses d'ail, hachées
1 ou 2 piments jalapeño frais,
  épépinés et émincés
1 à 2 cuil. à soupe d'huile
  d'olive vierge extra
1 cuil. à soupe de jus
  de citron vert frais
1 cuil. à café de sucre roux
sel et poivre

garniture

rondelles de citron vert
feuilles de coriandre fraîche
piments oiseau frais

méthode

1 Égoutter les haricots, rincer et mettre dans une casserole. Couvrir d'eau froide et porter à ébullition à feu vif en écumant la surface. Cuire 10 minutes à gros bouillons, rincer et égoutter. Remettre dans la casserole, couvrir d'eau froide et porter à ébullition à feu vif. Réduire le feu, couvrir partiellement et laisser mijoter 1 h 15 à 1 h 30, jusqu'à ce que les haricots soient tendres. Égoutter en réservant le liquide de cuisson.

2 Dans une autre casserole, chauffer l'huile, ajouter l'oignon et cuire 2 minutes, jusqu'à ce qu'il soit tendre. Incorporer l'ail et les piments, et cuire encore 1 minute. Ajouter le riz et bien mélanger.

3 Mouiller avec le lait de coco et 450 ml du liquide de cuisson réservé, et ajouter le thym, 1 cuillerée à café de sel et les haricots. Ajouter éventuellement du liquide de cuisson de sorte que le tout soit immergé, porter à ébullition et réduire le feu. Couvrir et cuire 20 à 25 minutes.

4 Pour la salsa, mélanger tous les ingrédients dans un bol, couvrir partiellement et laisser reposer.

5 Retirer la casserole du feu et laisser reposer 5 minutes sans retirer le couvercle. Transférer dans un plat de service en aérant les grains à l'aide d'une fourchette et servir chaud accompagné de salsa et garni de citron vert, de coriandre et de piments oiseau.

paella aux noix de cajou

ingrédients

POUR 4 À 6 PERSONNES

1 cuil. à soupe de beurre
2 cuil. à soupe d'huile d'olive
1 oignon rouge, haché
250 g de riz pour paella
1 cuil. à café de curcuma
1 cuil. à café de cumin en poudre
1/2 cuil. à café de poudre de piment
3 gousses d'ail, hachées
1 piment vert frais, coupé en rondelles
1 poivron vert, épépiné et coupé en dés
1 poivron rouge, épépiné et coupé en dés
75 g de mini-épis de maïs, coupés en deux dans la longueur
2 cuil. à soupe d'olives noires dénoyautées
1 grosse tomate, épépinée et coupée en dés
450 ml de bouillon de légumes
50 g de noix de cajou non salées
55 g de petits pois surgelés
sel et poivre
2 cuil. à soupe de persil frais haché, un peu plus pour garnir
1 pincée de poivre de Cayenne

méthode

1 Dans un plat à paella ou une grande poêle, faire fondre le beurre avec l'huile, ajouter l'oignon et cuire 2 à 3 minutes à feu moyen, jusqu'à ce qu'il soit tendre.

2 Ajouter le riz, le curcuma, le cumin, la poudre de piment, l'ail, le piment vert, les poivrons, les mini-épis de maïs, les olives et la tomate, et cuire 1 à 2 minutes sans cesser de remuer. Mouiller avec le bouillon, porter à ébullition et réduire le feu. Cuire 20 minutes en remuant souvent.

3 Ajouter les noix de cajou et les petits pois, et cuire 5 minutes en remuant souvent. Saler, poivrer et parsemer de persil et de poivre de Cayenne. Transférer dans des assiettes chaudes, garnir de persil et servir immédiatement.

risotto au basilic

ingrédients

POUR 4 PERSONNES

1,2 l de bouillon de légumes ou de poule, frémissant
1 cuil. à soupe d'huile d'olive
40 g de beurre
1 petit oignon, finement haché
10 feuilles de basilic frais, hachées ou ciselées, un peu plus pour la garniture
4 tomates, épépinées et coupées en dés
115 g de haricots verts, coupés en morceaux de 2,5 cm et cuits
280 g de riz pour risotto
sel et poivre
2 cuil. à soupe de pignons
85 g de parmesan, fraîchement râpé

méthode

1 Dans une casserole, chauffer l'huile et 25 g de beurre jusqu'à ce que le beurre ait fondu. Ajouter l'oignon, les tomates, les trois quarts du basilic et les haricots, et cuire 2 à 3 minutes, jusqu'à ce que les saveurs se développent.

2 Réduire le feu, ajouter le riz et cuire 2 à 3 minutes sans cesser de remuer, jusqu'à ce qu'il soit translucide.

3 Mouiller avec une louche de bouillon, cuire sans cesser de remuer jusqu'à absorption et répéter l'opération avec le bouillon restant. Le risotto doit rester frémissant. L'opération prend environ 20 minutes. Saler et poivrer.

4 Chauffer une poêle à feu vif, ajouter les pignons et cuire à sec 1 à 2 minutes, jusqu'à ce qu'ils commencent à dorer. Veiller à ne pas laisser brunir.

5 Retirer le risotto du feu, ajouter le beurre et le basilic restants, et mélanger le tout. Incorporer le parmesan de sorte qu'il fonde. Répartir le risotto dans quatre assiettes chaudes, garnir de feuilles de basilic et de pignons, et servir immédiatement.

risotto du soleil

ingrédients

POUR 6 PERSONNES

12 tomates séchées au soleil
1,5 l de bouillon de légumes ou de poule, frémissant
2 cuil. à soupe d'huile d'olive
1 gros oignon, finement haché
4 à 6 gousses d'ail, finement hachées
400 g de riz pour risotto
sel et poivre
2 cuil. à soupe de feuilles de persil plat frais
115 g de pecorino, fraîchement râpé
huile d'olive vierge extra, pour arroser

méthode

1 Dans une terrine résistant à la chaleur, mettre les tomates séchées, couvrir d'eau bouillante et laisser tremper 30 minutes, jusqu'à ce qu'elles soient tendres et souples. Égoutter, sécher avec du papier absorbant et émincer finement. Réserver.

2 Dans une casserole, chauffer l'huile à feu moyen, ajouter l'oignon et cuire 2 minutes en remuant de temps en temps, jusqu'à ce qu'il soit tendre. Ajouter l'ail et cuire encore 15 secondes. Réduire le feu, ajouter le riz et cuire 2 à 3 minutes à feu moyen sans cesser de remuer, jusqu'à ce qu'il soit translucide.

3 Mouiller avec une louche de bouillon, cuire sans cesser de remuer jusqu'à absorption et répéter l'opération avec le bouillon restant. Le risotto doit rester frémissant. L'opération prend environ 20 minutes. Ajouter les tomates après 15 minutes de cuisson. Saler et poivrer.

4 Retirer la casserole du feu, incorporer le persil et la moitié du pecorino, et répartir dans 6 assiettes chaudes. Arroser d'huile d'olive vierge extra, saupoudrer de pecorino et servir immédiatement.

risotto au citron & au romarin

ingrédients

POUR 4 PERSONNES

2 citrons

1,2 l de bouillon de légumes ou de poule, frémissant

1 cuil. à soupe d'huile d'olive

40 g de beurre

1 petit oignon, finement haché

1 cuil. à soupe de romarin frais haché

280 g de riz pour risotto

85 g de parmesan, fraîchement râpé

sel et poivre

méthode

1 Râper le zeste des citrons et réserver. Presser le jus dans une petite casserole et porter à ébullition à feu moyen.

2 Dans une autre casserole, chauffer l'huile et 25 g de beurre jusqu'à ce que le beurre ait fondu. Ajouter l'oignon et la moitié du romarin, et cuire 5 minutes à feu moyen sans cesser de remuer, jusqu'à ce que l'oignon soit tendre et translucide. Veiller à ne pas laisser brunir.

3 Réduire le feu, ajouter le riz et cuire 2 à 3 minutes à feu moyen sans cesser de remuer, jusqu'à ce qu'il soit translucide. Mouiller avec une louche de bouillon, cuire sans cesser de remuer jusqu'à absorption et répéter l'opération en alternant avec le jus de citron et le bouillon restant. Le risotto doit rester frémissant. L'opération prend environ 20 minutes. Saler et poivrer.

4 Retirer le risotto du feu, ajouter le beurre et le romarin restants, et mélanger. Incorporer le parmesan de sorte qu'il fonde, répartir dans quatre assiettes et parsemer de zeste de citron. Saler et poivrer et servir immédiatement.

risotto vert à la menthe

ingrédients

POUR 6 PERSONNES

- 1 litre de bouillon de légumes ou de poule, frémissant
- 25 g de beurre
- 225 g de petits pois frais écossés ou surgelés
- 250 g de pousses d'épinards fraîches, rincées et égouttées
- 1 botte de menthe fraîche, tiges retirées
- 2 cuil. à soupe de basilic frais haché
- 2 cuil. à soupe d'origan frais
- 1 pincée de noix muscade fraîchement râpée
- 4 cuil. à soupe de mascarpone ou de crème fraîche épaisse
- 2 cuil. à soupe d'huile
- 1 oignon, finement haché
- 2 branches de céleri, avec les feuilles, finement hachées
- 2 gousses d'ail, finement hachées
- 1/2 cuil. à café de thym séché
- 300 g de riz pour risotto
- 50 ml de vermouth blanc sec
- 85 g de parmesan fraîchement râpé
- sel et poivre

méthode

1 Dans une poêle, chauffer la moitié du beurre à feu moyen, ajouter les petits pois, les pousses d'épinards, la menthe, le basilic, l'origan et la noix muscade, et cuire 3 minutes en remuant souvent, jusqu'à ce que les pousses d'épinards et les feuilles de menthe soient flétries. Laisser tiédir. Transférer la préparation obtenue dans un robot de cuisine, mixer 15 secondes et ajouter le mascarpone. Mixer encore 1 minute, transférer dans une terrine et réserver.

2 Dans une casserole, chauffer l'huile et le beurre restant à feu moyen jusqu'à ce que le beurre ait fondu, ajouter l'oignon, le céleri, l'ail et le thym, et cuire 2 minutes en remuant souvent, jusqu'à ce que les légumes soient tendres. Réduire le feu, ajouter le riz et cuire 2 à 3 minutes à feu moyen sans cesser de remuer, jusqu'à ce qu'il soit translucide.

3 Mouiller avec le vermouth et cuire sans cesser de remuer jusqu'à ce que la préparation ait réduit. Mouiller avec une louche de bouillon, cuire sans cesser de remuer jusqu'à absorption et répéter l'opération avec le bouillon restant. Le risotto doit être toujours frémissant. L'opération prend environ 20 minutes. Saler et poivrer.

4 Incorporer la préparation mixée et le parmesan, répartir le risotto dans des assiettes chaudes et servir immédiatement.

salade de riz à la dinde

ingrédients

POUR 4 PERSONNES

1 litre de bouillon de poule
200 g d'un mélange de riz long grain et de riz sauvage
2 cuil. à soupe d'huile de maïs
225 g de blancs de dinde, sans la peau, dégraissés et coupés en lanières
115 g de pois mange-tout
115 g de pleurotes, coupés en gros morceaux
25 g de pistaches, décortiquées et finement hachées
2 cuil. à soupe de coriandre fraîche hachée
1 cuil. à soupe de ciboulette aillée fraîche hachée
sel et poivre
1 cuil. à soupe de vinaigre balsamique
ciboulette aillée, en garniture

méthode

1 Réserver 3 cuillerées à soupe de bouillon, verser le bouillon restant dans une casserole et porter à ébullition. Ajouter le riz et cuire 30 minutes, jusqu'à ce qu'il soit tendre. Égoutter et laisser tiédir.

2 Dans un wok préchauffé ou une poêle, chauffer 1 cuillerée à soupe d'huile, ajouter la dinde et faire revenir 3 à 4 minutes à feu moyen, jusqu'à ce qu'elle soit bien cuite. Transférer dans une terrine à l'aide d'une écumoire et réserver. Ajouter les pois mangetout et les pleurotes dans le wok et faire revenir 1 minute. Mouiller avec le bouillon réservé, porter à ébullition et réduire le feu. Couvrir, laisser mijoter 3 à 4 minutes et transférer dans la terrine. Laisser tiédir.

3 Mélanger le riz, la dinde, les pois mange-tout, les champignons, les pistaches, la coriandre et la ciboulette aillée, saler et poivrer. Arroser de l'huile restante et du vinaigre balsamique, garnir de ciboulette aillée et servir chaud.

viandes, volailles & fruits de mer

Le risotto est l'un des plats les plus populaires d'Italie. Il est originaire du Nord du pays, où le riz est cultivé, mais le lieu exact de la première rizière n'est pas connu : plusieurs régions le revendiquent !

Il est indéniable que la préparation d'un risotto réclame une grande attention. Quand les grains de riz sont enrobés d'un délicieux mélange de beurre et d'huile d'olive, il faut être vigilant et remuer régulièrement le riz dans le bouillon à l'aide d'une cuillère en bois. Loin d'être une corvée, cette tâche vous donnera l'occasion de déguster un verre de vin pour mieux vous concentrer. En savourant ce risotto irrésistiblement crémeux, avec ses grains dodus et chargés de parfums, vous devrez convenir que l'effort n'a pas été vain.

À l'inverse, pour la paella, il faut surveiller la cuisson mais ne jamais remuer le mélange pendant qu'il cuit. Il suffit de secouer une ou deux fois la poêle. Même si vous ajoutez des ingrédients en cours de cuisson, ne plongez pas la cuillère, secouez ! La paella est l'un de ces merveilleux plats dans lesquels vous pouvez mettre presque tout ce que vous avez sous la main. La paella du pauvre accueille parfaitement les restes de viande ou de légumes.

Dans ce chapitre, vous trouverez des recettes issues de toutes les cultures : l'inspiration ne vous fera pas défaut !

bœuf & son riz aux sept épices

ingrédients

POUR 4 PERSONNES

225 g de riz long grain
600 ml d'eau
350 g de filet de bœuf
2 cuil. à soupe de sauce de soja épaisse
2 cuil. à soupe de ketchup
1 cuil. à soupe de poudre de sept-épices
2 cuil. à soupe d'huile d'arachide
1 oignon, coupé en dés
3 petites carottes, coupées en dés
100 g de petits pois surgelés
2 œufs
2 cuil. à soupe d'eau froide

méthode

1 Rincer le riz à l'eau courante, égoutter et mettre dans une casserole. Ajouter l'eau, porter à ébullition et couvrir. Laisser mijoter 12 minutes, transférer sur une plaque et laisser refroidir.

2 Couper la viande en fines lanières à l'aide d'un couteau tranchant et mettre dans un plat peu profond. Mélanger la sauce de soja, le ketchup et la poudre de sept-épices, ajouter dans le plat et bien mélanger.

3 Dans un wok préchauffé, chauffer l'huile d'arachide, ajouter la viande et faire revenir 3 à 4 minutes. Ajouter l'oignon, les carottes et les petits pois, et faire revenir encore 2 à 3 minutes. Ajouter le riz cuit et bien mélanger.

4 Battre les œufs avec 2 cuillerées à soupe d'eau, verser en filet sur la préparation et faire revenir 3 à 4 minutes, jusqu'à ce que le riz soit bien chaud et que les œufs aient pris. Transférer le tout dans un plat de service chaud et servir immédiatement.

riz & agneau du Xinjiang

ingrédients

POUR 6 À 8 PERSONNES

- 2 cuil. à soupe d'huile d'arachide
- 300 g de viande d'agneau ou de mouton, coupée en morceaux de la taille d'une bouchée
- 2 carottes, grossièrement hachées
- 2 oignons, grossièrement hachés
- 1 cuil. à café de sel
- 1 cuil. à café de gingembre en poudre
- 1 cuil. à café de grains de poivre du Sichuan, légèrement grillés et pilés
- 450 g de riz rond
- 850 ml d'eau

méthode

1 Dans une grande cocotte, chauffer l'huile, ajouter la viande et faire revenir 1 à 2 minutes, jusqu'à ce qu'elle soit uniformément saisie. Ajouter les carottes et les oignons, et faire revenir jusqu'à ce que les légumes soient juste tendres. Ajouter le sel, le gingembre et le poivre du Sichuan, et bien mélanger le tout.

2 Ajouter le riz, verser l'eau et porter à ébullition. Couvrir et cuire 30 minutes à feu doux, jusqu'à ce que le riz ait absorbé toute l'eau. Servir bien chaud.

risotto épicé à l'agneau

ingrédients

POUR 4 PERSONNES

- 4 cuil. à soupe de farine, assaisonnée
- 8 côtelettes d'agneau
- 4 cuil. à soupe d'huile d'olive
- 1 poivron vert, épépiné et finement haché
- 1 ou 2 piments verts, épépinés et finement hachés
- 2 petits oignons, l'un émincé et l'autre finement haché
- 2 gousses d'ail, finement émincées
- 2 cuil. à soupe de basilic ciselé
- 125 ml de vin rouge
- 4 cuil. à soupe de vinaigre de vin rouge
- 8 tomates cerises
- 125 ml d'eau
- 1,2 l de bouillon de poulet, frémissant
- 40 g de beurre
- 280 g de riz pour risotto
- 85 g de parmesan, fraîchement râpé
- sel et poivre

méthode

1 Enrober la viande de farine. Dans une cocotte, chauffer 3 cuillerées à soupe d'huile à feu vif, ajouter la viande et cuire jusqu'à ce qu'elle soit dorée. Retirer de la cocotte et réserver.

2 Mettre le poivron, le piment, l'oignon émincé, l'ail et le basilic dans la cocotte, et faire dorer 3 minutes. Mouiller avec le vin et le vinaigre, porter à ébullition et cuire 3 à 4 minutes, jusqu'à obtention de 2 cuillerées à soupe de jus de cuisson.

3 Ajouter les tomates, mouiller avec l'eau et porter à ébullition. Remettre la viande, couvrir et réduire le feu. Cuire 30 minutes, jusqu'à ce que la viande soit tendre.

4 Dans une casserole, chauffer l'huile restante et 25 g de beurre à feu moyen, ajouter l'oignon haché et cuire 5 minutes, jusqu'à qu'il soit tendre, sans laisser brunir. Réduire le feu, ajouter le riz et cuire 2 à 3 minutes à feu moyen sans cesser de remuer, jusqu'à ce qu'il soit translucide. Mouiller avec une louche de bouillon, cuire sans cesser de remuer jusqu'à absorption et répéter l'opération avec le bouillon restant. Le risotto doit être toujours frémissant. L'opération prend 20 minutes. Saler et poivrer.

5 Retirer du feu, incorporer le beurre restant et le parmesan de sorte qu'ils fondent et répartir dans des assiettes. Garnir de poivrons et de tomates, ajouter la viande et servir.

hachis de porc

ingrédients

POUR 4 PERSONNES

400 g de tomates concassées en boîte
600-700 ml de bouillon de bœuf
1 cuil. à soupe d'huile de maïs
450 g de viande de porc hachée
1 gros oignon, haché
1 poivron rouge, épépiné et haché
400 g de riz long grain
1 cuil. à soupe de poudre de piment
450 g de haricots verts frais ou surgelés
sel et poivre

méthode

1 Égoutter les tomates et réserver les tomates et leur jus séparément. Ajouter du bouillon au jus des tomates de façon à obtenir 850 ml et réserver.

2 Dans une cocotte, chauffer l'huile, ajouter la viande, l'oignon et le poivron rouge, et cuire 8 à 10 minutes à feu moyen en remuant souvent, jusqu'à ce que l'oignon soit tendre et que la viande soit dorée. Ajouter le riz et cuire 2 minutes sans cesser de remuer.

3 Ajouter les tomates, la poudre de piment et les haricots verts, mouiller avec le mélange à base de bouillon, saler et poivrer. Porter à ébullition, couvrir et cuire au four préchauffé 40 minutes à 180 °C (th. 6). Servir immédiatement.

risotto aux boulettes de porc

ingrédients

POUR 4 PERSONNES

1 tranche de pain épaisse, croûte retirée
eau ou lait, pour tremper
450 g de porc haché
2 gousses d'ail, hachées
1 cuil. à soupe d'oignon finement haché
1 cuil. à café de grains de poivre noir, concassés
1 pincée de sel
1 œuf
huile de maïs, pour la friture
400 g de tomates concassées en boîte
1 cuil. à soupe de concentré de tomates
1 cuil. à café d'origan séché
1 cuil. à café de graines de fenouil
1 pincée de sucre
1 litre de bouillon de bœuf, frémissant
1 cuil. à soupe d'huile d'olive
40 g de beurre
1 petit oignon, haché
280 g de riz pour risotto
150 ml de vin rouge
sel et poivre
feuilles de basilic frais, en garniture

méthode

1 Tremper le pain 5 minutes dans du lait. Égoutter, presser de façon à exprimer l'excédent de lait et transférer dans une terrine. Ajouter la viande, l'ail, l'oignon, les grains de poivre et le sel, mélanger et incorporer l'œuf. Façonner des boulettes avec la préparation obtenue.

2 Dans une poêle, chauffer l'huile de maïs à feu moyen, ajouter les boulettes et cuire jusqu'à ce qu'elles soient dorées. Égoutter.

3 Dans une casserole, mettre l'origan, le sucre, le concentré, les tomates et les graines de fenouil, ajouter les boulettes et porter à ébullition à feu moyen. Réduire le feu et cuire 30 minutes.

4 Dans une autre casserole, chauffer l'huile et 25 g de beurre à feu moyen, ajouter l'oignon et cuire 5 minutes, jusqu'à ce qu'il soit tendre. Réduire le feu, incorporer le riz et cuire 2 à 3 minutes à feu moyen sans cesser de remuer, jusqu'à ce qu'il soit translucide. Mouiller avec le vin et cuire 1 minute sans cesser de remuer. Mouiller avec une louche de bouillon, cuire sans cesser de remuer jusqu'à absorption et répéter l'opération avec le bouillon restant. Le risotto doit être toujours frémissant. L'opération prend environ 20 minutes. Saler et poivrer.

5 Égoutter les boulettes, ajouter au risotto et retirer du feu. Ajouter le beurre restant, mélanger et répartir le tout dans des assiettes chaudes. Napper de sauce tomate et garnir de basilic.

porc croustillant & son riz aux cinq épices

ingrédients

POUR 4 PERSONNES

275 g de riz long grain
600 ml d'eau froide
sel et poivre
350 g de filet de porc
2 cuil. à café de poudre de cinq-épices chinoise
4 cuil. à soupe de maïzena
3 très gros œufs
2 cuil. à soupe de sucre roux non raffiné
2 cuil. à soupe d'huile de maïs
1 oignon, haché
2 gousses d'ail, émincées
1 grosse carotte, coupée en dés
1 poivron rouge, épépiné et haché
100 g de petits pois
1 cuil. à soupe de beurre

méthode

1 Rincer le riz à l'eau courante, mettre dans une casserole et ajouter l'eau et 1 pincée de sel. Porter à ébullition, couvrir et réduire le feu. Laisser mijoter 9 minutes, jusqu'à ce que le liquide ait été absorbé et que le riz soit tendre.

2 Couper le porc en petits morceaux très fins à l'aide d'un couteau tranchant ou d'un couperet. Réserver.

3 Mélanger la poudre d'épices, la maïzena, 1 œuf et le sucre roux, ajouter la viande et bien mélanger.

4 Dans un wok préchauffé ou une poêle, chauffer l'huile, ajouter la viande et cuire à feu vif jusqu'à ce qu'elle soit cuite et croustillante. Retirer du wok ou de la poêle à l'aide d'une écumoire et réserver.

5 Ajouter l'oignon, l'ail, la carotte, le poivron et les petits pois dans le wok ou la poêle, et cuire 5 minutes. Ajouter la viande et le riz, et faire revenir 5 minutes.

6 Dans une autre poêle, chauffer le beurre jusqu'à ce qu'il ait fondu. Battre les œufs, verser dans la poêle et cuire jusqu'à ce que l'omelette ait pris. Transférer sur une planche à découper, détailler en lanières et ajouter dans le wok ou la poêle. Servir immédiatement.

paella du pauvre

ingrédients

POUR 4 À 6 PERSONNES

- 1/2 cuil. à café de filaments de safran
- 2 cuil. à soupe d'eau chaude
- 4 cuil. à soupe d'huile d'olive
- 1 grosse carotte, blanchie et émincée
- 1 gros oignon, haché
- 2 gousses d'ail, hachées
- 1 cuil. à café de paprika
- 1/4 de cuil. à café de poivre de Cayenne
- 225 g de tomates, mondées et coupées en quartiers
- 1 poivron rouge, coupé en deux, épépiné, passé au gril, mondé et émincé
- 350 g de riz pour paella
- 1 cuil. à soupe de thym frais haché
- 1,3 l de bouillon de poulet, frémissant
- 175 g de viande de porc cuite, coupée en cubes
- 175 g de blanc de poulet, coupé en cubes
- 150 g de haricots verts, blanchis, ou la même quantité de restes de légumes cuits
- sel et poivre
- 3 œufs durs, coupés en quartiers, pour décorer

méthode

1 Mettre le safran et l'eau chaude dans un bol et laisser infuser quelques minutes.

2 Dans un plat à paella, chauffer la moitié de l'huile, ajouter la carotte et cuire 3 minutes à feu moyen sans cesser de remuer. Ajouter l'oignon et cuire jusqu'à ce qu'il soit tendre sans cesser de remuer. Ajouter la moitié de l'ail, le paprika, le poivre de Cayenne, le safran et son liquide de trempage, et cuire 1 minute sans cesser de remuer. Ajouter les tomates et le poivron, et cuire 2 minutes sans cesser de remuer. Ajouter le riz et le thym, et cuire 1 minute sans cesser de remuer. Mouiller avec 1 litre de bouillon, porter à ébullition et laisser mijoter 10 minutes sans couvrir. Ne pas remuer pendant la cuisson mais secouer le plat une ou deux fois en ajoutant les ingrédients.

3 Dans une autre poêle, chauffer l'huile restante, ajouter l'ail restant, le porc et le poulet, et cuire 5 minutes à feu vif. La viande doit être très chaude et fumante. Transférer dans le plat à paella, ajouter les haricots, saler et poivrer. Cuire 10 à 15 minutes, jusqu'à ce que le riz soit cuit. Mouiller avec du bouillon supplémentaire si nécessaire.

4 Retirer du feu dès que tout le liquide est absorbé et qu'une délicate odeur de grillé se dégage. Couvrir de papier d'aluminium, laisser reposer 5 minutes et servir garni de quartiers d'œufs durs.

risotto à la saucisse & aux poivrons

ingrédients

POUR 4 PERSONNES

8 saucisses

1 poivron rouge, épépiné et coupé en 8 morceaux

1 poivron vert, épépiné et coupé en 8 morceaux

1 oignon, coupé en quartiers

4 cuil. à soupe d'huile d'olive

1 litre de bouillon de bœuf, frémissant

40 g de beurre

1 petit oignon, finement haché

280 g de riz pour risotto

150 ml de vin rouge

85 g de parmesan, fraîchement râpé

sel et poivre

brins de romarin frais, en garniture

méthode

1 Préchauffer le four à 190 °C (th. 6-7). Dans un plat allant au four, mettre les saucisses, les poivrons et les quartiers d'oignon, arroser de 3 cuillerées à soupe d'huile d'olive et cuire au four préchauffé 20 à 30 minutes, en remuant de temps en temps.

2 Dans une casserole, chauffer l'huile restante et 25 g de beurre à feu moyen, ajouter l'oignon haché et cuire 5 minutes en remuant de temps en temps, jusqu'à ce qu'il soit tendre et doré. Veiller à ne pas laisser brunir.

3 Réduire le feu, ajouter le riz et cuire 2 à 3 minutes à feu moyen sans cesser de remuer, jusqu'à ce qu'il soit translucide. Mouiller avec le vin et cuire 1 minute sans cesser de remuer, jusqu'à ce que la préparation ait réduit.

4 Mouiller avec une louche de bouillon, cuire sans cesser de remuer jusqu'à absorption et répéter l'opération avec le bouillon restant. Le risotto doit rester frémissant. L'opération prend environ 20 minutes. Saler et poivrer.

5 Retirer le risotto du feu, ajouter le beurre restant et mélanger. Incorporer le parmesan de sorte qu'il fonde, répartir le risotto dans des assiettes et ajouter les saucisses, les poivrons et les quartiers d'oignons. Garnir de brins de romarin et servir immédiatement.

risotto à la saucisse & au romarin

ingrédients

POUR 4 À 6 PERSONNES

- 2 longs brins de romarin, un peu plus en garniture
- 1,3 l de bouillon de poulet, frémissant
- 2 cuil. à soupe d'huile d'olive
- 55 g de beurre
- 1 gros oignon, finement haché
- 1 branche de céleri, finement hachée
- 2 gousses d'ail, finement hachées
- 1/2 cuil. à café de feuilles de thym séchées
- 450 g de saucisses de porc, coupées en rondelles de 1 cm
- 350 g de riz pour risotto
- 125 ml de vin rouge fruité
- 85 g de parmesan, fraîchement râpé
- sel et poivre

méthode

1 Effeuiller les tiges de romarin, hacher les feuilles et réserver.

2 Dans une casserole, chauffer l'huile et la moitié du beurre à feu moyen, ajouter l'oignon et le céleri, et cuire 2 minutes en remuant souvent. Ajouter l'ail, le thym, la saucisse et le romarin, et cuire encore 5 minutes en remuant souvent, jusqu'à ce que la saucisse commence à dorer. Transférer la saucisse sur une assiette.

3 Réduire le feu, ajouter le riz et cuire 2 à 3 minutes à feu moyen sans cesser de remuer, jusqu'à ce qu'il soit translucide. Mouiller avec le vin et cuire 1 minute sans cesser de remuer, jusqu'à ce que la préparation ait réduit.

4 Mouiller avec une louche de bouillon, cuire sans cesser de remuer jusqu'à absorption et répéter l'opération avec le bouillon restant. Le risotto doit rester frémissant. L'opération prend environ 20 minutes. Ajouter la saucisse, chauffer le tout, saler et poivrer.

5 Retirer le risotto du feu, ajouter le beurre restant et mélanger. Incorporer le parmesan de sorte qu'il fonde et répartir le risotto dans des assiettes chaudes. Garnir de brins de romarin et servir immédiatement.

paella au jambon & au chorizo

ingrédients

POUR 4 À 6 PERSONNES

- 1/2 cuil. à café de filaments de safran
- 2 cuil. à soupe d'eau chaude
- 3 cuil. à soupe d'huile d'olive
- 175 g de chorizo, sans la peau, coupé en rondelles de 1 cm d'épaisseur
- 175 g de jambon serrano, coupé en dés
- 1 gros oignon, haché
- 2 gousses d'ail, hachées
- 1 cuil. à café de paprika
- 1/4 de cuil. à café de poivre de Cayenne
- 225 g de tomates, mondées et coupées en quartiers
- 1 poivron rouge, coupé en deux, épépiné, passé au gril, mondé et émincé
- 350 g de riz pour paella
- 1 cuil. à soupe de thym frais haché
- 125 ml de vin blanc
- 1,2 l de bouillon de bœuf ou de poulet
- sel et poivre
- 1 cuil. à soupe de persil frais haché
- 1 citron, coupé en quartiers, pour décorer

méthode

1 Mettre le safran et l'eau chaude dans un bol et laisser infuser quelques minutes.

2 Dans un plat à paella, chauffer 2 cuillerées à soupe d'huile, ajouter le chorizo et le jambon, et cuire 5 minutes à feu moyen sans cesser de remuer. Transférer dans une terrine et réserver. Chauffer l'huile restante, ajouter l'oignon et cuire sans cesser de remuer jusqu'à ce qu'il soit tendre. Ajouter l'ail, le paprika, le poivre de Cayenne, l'eau safranée, et cuire 1 minute. Ajouter les tomates et le poivron, et cuire encore 2 minutes sans cesser de remuer.

3 Ajouter le riz et le thym, et cuire 1 minute. Mouiller avec le vin et 1 litre de bouillon, porter à ébullition et laisser mijoter 10 minutes sans couvrir. Ne pas remuer pendant la cuisson mais secouer le plat une ou deux fois en ajoutant les ingrédients. Saler et poivrer, et cuire encore 10 minutes, jusqu'à ce que le riz soit cuit. Rajouter du bouillon si nécessaire. Ajouter le chorizo et le jambon, et cuire 2 minutes.

4 Retirer du feu dès que tout le liquide est absorbé et qu'une délicate odeur de grillé se dégage. Couvrir de papier d'aluminium, laisser reposer 5 minutes et servir accompagné de persil et de quartiers de citron.

risotto chinois à la saucisse & au poivron

ingrédients

POUR 4 PERSONNES

2 cuil. à soupe d'huile d'arachide

1 oignon, émincé

2 gousses d'ail, hachées

1 cuil. à café de poudre de cinq-épices chinoise

225 g de saucisse chinoise, coupée en rondelles

3 petites carottes, coupées en dés

1 poivron vert, épépiné et coupé en dés

275 g de riz arborio

850 ml de bouillon de légumes ou de poulet, frémissant

6 brins de ciboulette fraîche

méthode

1 Dans une casserole, chauffer l'huile, ajouter l'oignon, l'ail et la poudre d'épices, et faire revenir 1 minute. Incorporer la saucisse, les carottes et le poivron vert, ajouter le riz et cuire encore 1 minute.

2 Mouiller avec une louche de bouillon frémissant, cuire jusqu'à absorption et répéter l'opération avec le bouillon restant.

3 Émincer la ciboulette et ajouter dans la casserole avec la dernière louche de bouillon. Transférer dans des bols chauds et servir immédiatement.

… viandes, volailles & fruits de mer

paella printanière

ingrédients

POUR 4 À 6 PERSONNES

1/2 cuil. à café de filaments de safran
2 cuil. à soupe d'eau chaude
3 cuil. à soupe d'huile d'olive
175 g de jambon serrano, coupé en dés
1 carotte, coupée en dés
150 g de champignons de Paris
4 oignons verts, coupés en dés
2 gousses d'ail, hachées
1 cuil. à café de paprika
1/4 de cuil. à café de poivre de Cayenne
225 g de tomates, mondées et coupées en quartiers
1 poivron rouge et 1 poivron vert, épépinés, mondés et coupés en lanières
350 g de riz pour paella
2 cuil. à soupe de fines herbes fraîches hachées, un peu plus en garniture
100 ml de vin blanc
1,25 l de bouillon de poulet frémissant
55 g de petits pois
100 g de pointes d'asperges vertes, blanchies
sel et poivre
quartiers de citron, en garniture

méthode

1 Mettre le safran et l'eau chaude dans un bol et laisser infuser quelques minutes.

2 Dans un plat à paella, chauffer 2 cuillerées à soupe d'huile, ajouter le jambon et cuire 5 minutes à feu moyen. Transférer dans un bol et réserver. Verser l'huile restante dans le plat, ajouter la carotte et cuire 3 minutes sans cesser de remuer. Ajouter les champignons et cuire 2 minutes sans cesser de remuer. Ajouter les oignons verts, l'ail, le paprika, le poivre de Cayenne et le safran avec le liquide de trempage, et cuire 1 minute sans cesser de remuer. Ajouter les tomates et les poivrons, et cuire encore 2 minutes sans cesser de remuer.

3 Ajouter le riz et les fines herbes, et cuire 1 minute sans cesser de remuer. Mouiller avec le vin et 1 litre de bouillon, porter à ébullition et laisser mijoter 10 minutes sans couvrir. Ne pas remuer pendant la cuisson mais secouer le plat une ou deux fois en ajoutant les ingrédients. Saler et poivrer, ajouter les petits pois et cuire encore 10 minutes, jusqu'à ce que le riz soit cuit. Mouiller avec du bouillon supplémentaire si nécessaire. Remettre le jambon dans le plat, garnir de pointes d'asperges et cuire 2 minutes.

4 Retirer du feu dès que tout le liquide est absorbé et qu'une délicate odeur de grillé se dégage. Couvrir de papier d'aluminium, laisser reposer 5 minutes et servir accompagné de quartiers de citron.

risotto aux champignons cuit au four

ingrédients

POUR 4 PERSONNES

1,3 l de bouillon de légumes
   ou de poulet, frémissant
4 cuil. à soupe d'huile d'olive
400 g de portobellos
   ou de gros champignons
   de couche, coupés
   en lamelles épaisses
115 g de pancetta
   ou de tranches épaisses
   de lard fumé, coupées
   en dés
1 gros oignon, finement
   haché
2 gousses d'ail, finement
   hachées
350 g de riz pour risotto
2 cuil. à soupe d'estragon
   frais ou de persil plat frais
   haché
85 g de parmesan,
   fraîchement râpé, un peu
   plus pour la garniture
sel et poivre

méthode

1 Dans une poêle, chauffer la moitié de l'huile à feu vif, ajouter les champignons et faire revenir 2 à 3 minutes, jusqu'à ce qu'ils soient tendres et dorés. Transférer dans une assiette et réserver. Ajouter la pancetta dans la poêle et cuire 2 minutes en remuant souvent, jusqu'à ce qu'elle soit dorée et croustillante. Retirer de la poêle à l'aide d'une écumoire et ajouter aux champignons.

2 Dans une casserole, chauffer l'huile restante à feu moyen, ajouter l'oignon et cuire 2 minutes en remuant de temps en temps. Incorporer l'ail et cuire encore 1 minute. Réduire le feu, ajouter le riz et cuire 2 à 3 minutes à feu moyen sans cesser de remuer, jusqu'à ce qu'il soit translucide.

3 Mouiller progressivement avec le bouillon, ajouter les champignons, la pancetta et l'estragon, saler et poivrer. Porter à ébullition. Retirer la casserole du feu et transférer la préparation dans un plat allant au four.

4 Couvrir et cuire au four préchauffé 20 minutes à 180 °C (th. 6), jusqu'à ce que le riz soit juste tendre et que tout le liquide ait été absorbé. Retirer le couvercle, incorporer le parmesan et cuire encore 15 minutes, jusqu'à ce que le riz soit crémeux. Servir garni de parmesan.

risotto au poulet, aux noix de cajou & aux champignons

ingrédients

POUR 4 PERSONNES

1,3 l de bouillon de poulet
55 g de beurre
1 oignon, haché
250 g de blancs de poulet, coupés en dés
350 g de riz pour risotto
1 cuil. à café de curcuma en poudre
150 ml de vin blanc
75 g de champignons de Paris, émincés
50 g de noix de cajou
sel et poivre

garniture
roquette
copeaux de parmesan
feuilles de basilic frais

méthode

1 Dans une casserole, chauffer le beurre à feu moyen, ajouter l'oignon et cuire 5 minutes en remuant de temps en temps, jusqu'à ce qu'il soit tendre. Ajouter le poulet et cuire encore 5 minutes en remuant de temps en temps.

2 Réduire le feu, ajouter le riz et mélanger de façon à enrober les grains de beurre. Cuire 2 à 3 minutes à feu moyen sans cesser de remuer, jusqu'à ce que les grains de riz soient translucides.

3 Ajouter le curcuma, mouiller avec le vin et cuire 1 minute sans cesser de remuer, jusqu'à ce que la préparation ait réduit.

4 Mouiller avec une louche de bouillon, cuire sans cesser de remuer jusqu'à absorption et répéter l'opération avec le bouillon restant. Le risotto doit être toujours frémissant. L'opération prend environ 20 minutes.

5 Incorporer les champignons et les noix de cajou 3 minutes avant la fin de la cuisson. Saler et poivrer à volonté.

6 Disposer quelques feuilles de roquette dans les assiettes, retirer le risotto du feu et répartir sur la roquette. Parsemer de copeaux de parmesan et de feuilles de basilic, et servir immédiatement.

risotto safrané au poulet

ingrédients
POUR 4 PERSONNES

- 1,3 l de bouillon de légumes ou de poulet, frémissant
- 125 g de beurre
- 900 g de blancs de poulet, émincés
- 1 gros oignon, haché
- 500 g de riz pour risotto
- 150 ml de vin blanc
- 1 cuil. à café de filaments de safran
- 55 g de parmesan, fraîchement râpé
- sel et poivre

méthode

1 Dans une casserole, chauffer 55 g de beurre, ajouter le poulet et l'oignon, et cuire 8 minutes, jusqu'à ce qu'ils soient bien dorés. Réduire le feu, ajouter le riz et cuire à 3 minutes à feu moyen sans cesser de remuer, jusqu'à ce qu'il soit translucide. Mouiller avec le vin et cuire 1 minute sans cesser de remuer, jusqu'à ce que la préparation ait réduit. Faire infuser le safran dans 4 cuillerées à soupe de bouillon, incorporer au riz et cuire sans cesser de remuer jusqu'à ce qu'il ait été absorbé.

2 Mouiller avec une louche de bouillon, cuire sans cesser de remuer jusqu'à absorption et répéter l'opération avec le bouillon restant. Le risotto doit rester frémissant. L'opération prend environ 20 minutes. Saler et poivrer.

3 Retirer le risotto du feu, ajouter le beurre restant et mélanger. Incorporer le parmesan de sorte qu'il fonde et servir immédiatement.

risotto au poulet grillé

ingrédients

POUR 4 PERSONNES

4 blancs de poulet, avec la peau, d'environ 115 g chacun

zeste râpé et jus de 1 citron

5 cuil. à soupe d'huile d'olive

1 gousse d'ail, hachée

8 brins de thym frais, finement hachés

1 litre de bouillon de poulet, frémissant

40 g de beurre

1 petit oignon, finement haché

280 g de riz pour risotto

150 ml de vin blanc sec

85 g de parmesan, fraîchement râpé

sel et poivre

garniture

quartiers de citron

brins de thym frais

méthode

1 Saler et poivrer le poulet. Dans une terrine non métallique, mélanger le zeste et le jus de citron, 4 cuillerées à soupe d'huile, l'ail et le thym, ajouter le poulet et couvrir de film alimentaire. Laisser mariner 4 à 6 heures au réfrigérateur.

2 Préchauffer une poêle à fond rainuré à feu vif, ajouter la viande côté peau vers le bas et cuire 10 minutes, jusqu'à ce que la peau soit croustillante et dorée. Retourner et cuire jusqu'à ce que la viande soit dorée. Réduire le feu et cuire encore 10 à 15 minutes, jusqu'à ce que le poulet rende un jus clair.

3 Dans une casserole, chauffer l'huile restante et 25 g de beurre à feu moyen, ajouter l'oignon et cuire 5 minutes, jusqu'à ce qu'il soit tendre. Réduire le feu, ajouter le riz et cuire 2 à 3 minutes à feu moyen en remuant, jusqu'à ce qu'il soit translucide. Mouiller avec le vin et cuire 1 minute sans cesser de remuer, jusqu'à ce que la préparation ait réduit. Ajouter une louche de bouillon, cuire en remuant jusqu'à absorption et répéter l'opération avec le bouillon restant. Le risotto doit rester frémissant. L'opération prend 20 minutes. Saler et poivrer.

4 Laisser tiédir le poulet et couper en lamelles. Retirer le risotto du feu, ajouter le beurre restant et le parmesan de sorte qu'ils fondent, répartir dans des assiettes et ajouter le poulet. Garnir de citron et de thym, et servir.

riz & poulet à la grecque

ingrédients

POUR 4 PERSONNES

8 pilons de poulet
2 cuil. à soupe d'huile
   de maïs
1 oignon, haché
2 gousses d'ail, finement
   hachées
175 g de riz long grain
225 ml de bouillon de poulet
800 g de tomates concassées
   en boîte
1 cuil. à soupe de thym frais
   haché
2 cuil. à soupe d'origan frais
   haché
12 olives noires, dénoyautées
   et hachées
55 g de feta, émiettée
brins d'origan frais,
   en garniture

méthode

1 Retirer la peau du poulet. Dans une cocotte, chauffer l'huile, ajouter le poulet et cuire 8 à 10 minutes à feu moyen en retournant de temps en temps, jusqu'à ce qu'il soit doré. Transférer dans une terrine à l'aide d'une écumoire.

2 Ajouter l'oignon, l'ail et le riz dans la cocotte, mouiller avec un quart du bouillon et cuire 5 minutes, jusqu'à ce que l'oignon soit tendre. Mouiller avec le bouillon restant et ajouter les tomates avec leur jus et les fines herbes.

3 Remettre le poulet dans la cocotte, porter à ébullition et réduire le feu. Couvrir et laisser mijoter 25 à 30 minutes, jusqu'à ce que le poulet soit cuit et tendre. Incorporer les olives, parsemer de fromage et garnir de brins d'origan. Servir immédiatement.

poulet aux légumes
& son riz à la coriandre

ingrédients

POUR 4 PERSONNES

2 cuil. à soupe d'huile d'arachide

1 oignon rouge, haché

2 gousses d'ail, hachées

1 morceau de gingembre frais de 1 cm, pelé et haché

2 blancs de poulet, coupés en lanières

115 g de champignons de Paris

400 g de lait de coco en boîte

50 g de pois mange-tout, parés et coupés en deux dans la longueur

2 cuil. à soupe de sauce de soja

1 cuil. à soupe de sauce de poisson

riz

1 cuil. à soupe d'huile d'arachide

1 oignon rouge, émincé

350 g de riz, cuit et refroidi

250 g de bok choy, ciselé

1 poignée de coriandre fraîche, hachée

2 cuil. à soupe de sauce de soja thaïe

méthode

1 Dans un wok ou une poêle, chauffer l'huile, ajouter l'oignon, l'ail et le gingembre, et faire revenir 1 à 2 minutes.

2 Ajouter le poulet et les champignons, et faire revenir à feu vif jusqu'à ce qu'ils soient dorés. Mouiller avec le lait de coco, ajouter les pois mange-tout, la sauce de soja et la sauce de poisson, et porter à ébullition. Laisser mijoter 4 à 5 minutes à feu doux, jusqu'à ce que le poulet soit tendre.

3 Pour le riz, chauffer l'huile dans un wok ou une poêle, ajouter l'oignon et cuire jusqu'à ce qu'il soit tendre, sans laisser brunir. Ajouter le riz cuit, le bok choy et la coriandre, et cuire jusqu'à ce que les feuilles de bok choy aient flétri et que le riz soit chaud. Arroser de sauce de scja et servir immédiatement, accompagné du poulet.

poulet & riz à la chinoise

ingrédients

POUR 4 PERSONNES

350 g de riz long grain
1 cuil. à café de curcuma en poudre
sel
2 cuil. à soupe d'huile d'arachide
350 g de blancs de poulet, coupés en lamelles
1 poivron rouge, épépiné et émincé
1 poivron vert, épépiné et émincé
1 piment vert frais, épépiné et finement haché
1 carotte, grossièrement râpée
150 g de pousses de soja
6 oignons verts, émincés, un peu plus en garniture
2 cuil. à soupe de sauce de soja

méthode

1 Porter à ébullition une casserole d'eau salée, ajouter le riz et le curcuma, et cuire 10 minutes, jusqu'à ce que le riz soit juste tendre. Égoutter, presser de façon à retirer l'excédent d'eau et sécher avec du papier absorbant.

2 Dans un wok préchauffé ou une poêle, chauffer l'huile, ajouter les lamelles de poulet et faire revenir à feu vif jusqu'à ce qu'elles soient juste dorées. Ajouter les poivrons et le piment, et faire revenir 2 à 3 minutes.

3 Ajouter progressivement le riz en remuant entre chaque ajout de sorte que les grains soient bien séparés. Ajouter la carotte, les pousses de soja et les oignons verts, et faire revenir 2 minutes. Arroser de sauce de soja et bien mélanger.

4 Transférer dans un plat de service chaud, garnir d'oignons verts et servir immédiatement.

jambalaya de poulet

ingrédients

POUR 4 PERSONNES

400 g de blancs de poulet, coupés en dés
1 oignon rouge, coupé en dés
1 gousse d'ail, hachée
600 ml de bouillon de poulet
400 g de tomates concassées en boîte dans leur jus
280 g de riz brun
1 à 2 cuil. à café de poudre de piment fort
$1/2$ cuil. à café de paprika
1 cuil. à café d'origan séché
1 poivron rouge, épépiné et coupé en dés
1 poivron jaune, épépiné et coupé en dés
85 g de grains de maïs surgelés
85 g de petits pois surgelés
3 cuil. à soupe de persil plat frais haché
poivre noir du moulin
mesclun, en garniture (facultatif)

méthode

1 Dans une casserole, mettre le poulet, l'ail, l'oignon, le bouillon, les tomates et le riz, ajouter la poudre de piment, le paprika et l'origan, et bien mélanger. Porter à ébullition, réduire le feu et couvrir. Laisser mijoter 25 minutes.

2 Ajouter les poivrons, le maïs et les petits pois, porter de nouveau à ébullition et réduire le feu. Couvrir et laisser mijoter encore 10 minutes, jusqu'à ce que le riz soit juste tendre et que le bouillon soit presque totalement absorbé.

3 Incorporer 2 cuillerées à soupe de persil, poivrer et transférer dans un plat de service chaud. Garnir du persil restant et servir éventuellement accompagné de mesclun.

poulet basquaise

ingrédients

POUR 4 PERSONNES

1 poulet d'environ 1,3 kg, coupé en 8 morceaux
2 cuil. à soupe de farine
sel et poivre
3 cuil. à soupe d'huile d'olive
1 oignon, coupé en gros anneaux
2 poivrons rouges ou jaunes, épépinés et coupés en lanières dans la longueur
2 gousses d'ail, hachées
140 g de chorizo, pelé et coupé en morceaux de 1 cm
1 cuil. à soupe de concentré de tomates
200 g de riz long grain
450 ml de bouillon de poulet
1 cuil. à café de flocons de piment
$1/2$ cuil. à café de thym séché
115 g de jambon de Bayonne, coupé en dés
12 olives noires
2 cuil. à soupe de persil plat frais haché

garniture
rondelles de citron
brins de persil plat frais

méthode

1 Sécher le poulet avec du papier absorbant. Mettre la farine dans un sac plastique, saler, poivrer et ajouter les découpes de poulet. Fermer le sac et secouer de façon à enrober le poulet.

2 Dans une cocotte, chauffer 2 cuillerées à soupe d'huile, ajouter le poulet et cuire 15 minutes à feu moyen à vif en remuant de temps en temps, jusqu'à ce qu'il soit bien doré. Transférer sur une assiette et réserver.

3 Dans la cocotte, chauffer l'huile restante, ajouter l'oignon et les poivrons, et faire revenir jusqu'à ce que l'oignon soit tendre et doré. Ajouter l'ail, le chorizo et le concentré de tomates, et cuire 3 minutes sans cesser de remuer. Ajouter le riz et cuire 2 minutes sans cesser de remuer jusqu'à ce qu'il soit translucide.

4 Mouiller avec le bouillon, ajouter les flocons de piment et le thym, saler et poivrer. Bien mélanger le tout, porter à ébullition et ajouter le poulet. Couvrir et cuire 45 minutes à feu doux, jusqu'à ce que le poulet soit bien cuit et le riz tendre.

5 Incorporer délicatement le jambon, les olives et la moitié du persil, couvrir de nouveau et cuire encore 5 minutes. Parsemer du persil restant et servir garnir de rondelles de citron et de brins de persil plat.

paella de poulet aux crevettes

ingrédients

POUR 6 À 8 PERSONNES

1/2 cuil. à café de filaments de safran

2 cuil. à soupe d'eau chaude

6 cuil. à soupe d'huile d'olive

6 à 8 pilons de poulet, avec la peau et l'os, dégraissés

140 g de chorizo, sans la peau, coupé en rondelles de 0,5 cm d'épaisseur

2 gros oignons, hachés

4 gousses d'ail, hachées

1 cuil. à café de paprika

375 g de riz pour paella, rincé à l'eau courante

100 g de haricots verts, hachés

85 g de petits pois surgelés

1,2 l de bouillon de poulet

sel et poivre

16 moules, grattées et ébarbées (jeter celles qui ne se ferment pas au toucher)

16 crevettes, décortiquées et déveinées

2 poivrons rouges, passés au gril, mondés et épépinés

35 g de persil frais haché, en garniture

méthode

1 Mettre le safran et l'eau chaude dans un bol et laisser infuser quelques minutes.

2 Dans un plat à paella de 30 cm de diamètre, chauffer 3 cuillerées à soupe d'huile, ajouter le poulet et cuire 5 minutes à feu moyen à vif, jusqu'à ce qu'il soit doré et croustillant. Retirer du plat et réserver. Ajouter le chorizo dans le plat et cuire 1 minute sans cesser de remuer, jusqu'à ce qu'il soit croustillant. Retirer du plat et réserver.

3 Dans le plat, chauffer encore 3 cuillerées à soupe d'huile, ajouter les oignons et cuire 2 minutes en remuant souvent. Ajouter l'ail et le paprika, et cuire 3 minutes, jusqu'à ce que les oignons soient tendres. Ajouter le riz, les haricots verts et les petits pois, mélanger et remettre le poulet et le chorizo dans le plat. Mouiller avec le bouillon, incorporer l'eau safranée, saler et poivrer. Porter à ébullition sans cesser de remuer et laisser mijoter 15 minutes à découvert et sans remuer, jusqu'à ce que le riz soit presque tendre et que la plupart du liquide soit absorbé.

4 Répartir les moules, les crevettes et les poivrons sur la préparation, couvrir et laisser mijoter 5 minutes, jusqu'à ce que les crevettes soient roses et les moules ouvertes. Jeter les moules qui sont restées fermées et servir immédiatement, garni de persil.

paella du soleil

ingrédients

POUR 4 PERSONNES

- 1/2 cuil. à café de filaments de safran
- 2 cuil. à soupe d'eau chaude
- 150 g de cabillaud, rincé
- 1,25 l de fumet de poisson, frémissant
- 12 grosses crevettes, décortiquées et déveinées
- 200 g de moules, grattées et ébarbées
- 3 cuil. à soupe d'huile d'olive
- 150 g de blancs de poulet, coupés en dés, salés et poivrés
- 1 gros oignon rouge, haché
- 2 gousses d'ail, hachées
- 1/2 cuil. à café de poivre de Cayenne
- 1/2 cuil. à café de paprika
- 225 g de tomates, mondées et coupées en quartiers
- 1 poivron rouge et 1 poivron jaune, mondés et épépinés
- 375 g de riz pour paella
- 175 g de grains de maïs en boîte, égouttés
- 3 œufs durs, coupés en quartiers dans la longueur, en décoration
- sel et poivre
- quartiers de citron, en garniture

méthode

1 Faire infuser le safran dans l'eau chaude. Cuire le cabillaud 5 minutes dans le fumet, rincer et sécher. Couper en cubes et réserver. Cuire les crevettes 2 minutes dans le fumet, égoutter et réserver. Jeter les moules qui ne se ferment pas au toucher ou dont la coquille est cassée et cuire dans le fumet jusqu'à ce qu'elles s'ouvrent. Égoutter, jeter celles qui sont restées fermées et réserver.

2 Dans un plat à paella, chauffer l'huile à feu moyen, ajouter le poulet et cuire 5 minutes sans cesser de remuer. Ajouter l'oignon et cuire jusqu'à ce qu'il soit tendre. Ajouter l'ail, le poivre de Cayenne, le paprika et l'eau safranée, et cuire 1 minute sans cesser de remuer. Ajouter les tomates et les poivrons, et cuire 2 minutes.

3 Ajouter le riz et cuire 1 minute sans cesser de remuer. Mouiller avec 1 litre du fumet, porter à ébullition et laisser mijoter 10 minutes sans couvrir. Ne pas remuer pendant la cuisson mais secouer le plat une ou deux fois en ajoutant les ingrédients. Saler, poivrer et cuire 10 minutes, jusqu'à ce que le riz soit cuit. Mouiller avec du bouillon supplémentaire si nécessaire. Ajouter les fruits de mer et le maïs, et cuire 3 minutes.

4 Retirer du feu dès que le liquide est absorbé et qu'une délicate odeur de grillé se dégage. Couvrir de papier d'aluminium, laisser reposer 5 minutes et servir décoré d'œufs durs et garni de quartiers de citron.

risotto à la sole & à la tomate

ingrédients

POUR 4 PERSONNES

1,2 l de fumet de poisson ou de poulet, frémissant
3 cuil. à soupe d'huile d'olive
40 g de beurre
1 petit oignon, finement haché
280 g de riz pour risotto
sel et poivre
450 g de tomates, mondées, épépinées et coupées en lanières
6 tomates séchées au soleil à l'huile d'olive, égouttées et émincées
3 cuil. à soupe de concentré de tomates
50 ml de vin rouge
450 g de filets de sole, sans la peau
115 g de parmesan, fraîchement râpé
2 cuil. à soupe de coriandre fraîche hachée, en garniture

méthode

1 Dans une casserole, chauffer 1 cuillerée à soupe d'huile et 25 g de beurre à feu moyen jusqu'à ce que le beurre ait fondu. Ajouter l'oignon et cuire 5 minutes en remuant de temps en temps, jusqu'à ce qu'il soit tendre et doré.

2 Réduire le feu, ajouter le riz et cuire 2 à 3 minutes à feu moyen sans cesser de remuer, jusqu'à ce qu'il soit translucide. Mouiller avec une louche de bouillon, cuire sans cesser de remuer jusqu'à absorption et répéter l'opération avec le bouillon restant. Le risotto doit être toujours frémissant. L'opération prend environ 20 minutes. Saler et poivrer à volonté.

3 Dans une poêle, chauffer l'huile restante, ajouter les tomates fraîches et les tomates séchées, et cuire 10 à 15 minutes à feu moyen, jusqu'à ce qu'elles soient tendres. Incorporer le concentré de tomates, mouiller avec le vin et porter à ébullition. Réduire le feu et conserver à frémissement.

4 Couper le poisson en lanières, ajouter dans la poêle et cuire 5 minutes, jusqu'à ce qu'il se délite. Augmenter le feu si tout le liquide de cuisson n'a pas été absorbé. Retirer le risotto du feu et incorporer le beurre restant et le parmesan de sorte qu'ils fondent. Répartir dans des assiettes chaudes, garnir de poisson à la tomate et parsemer de coriandre fraîche.

risotto au thon & aux pignons

ingrédients

POUR 4 PERSONNES

- 1,2 l de fumet de poisson ou de bouillon de poulet, frémissant
- 3 cuil. à soupe de beurre
- 4 cuil. à soupe d'huile d'olive
- 1 petit oignon, finement haché
- 280 g de riz pour risotto
- 225 g de thon en boîte, égoutté, ou de steaks de thon grillés
- 8 à 10 olives noires, dénoyautées et émincées
- 1 petit piment, finement haché
- 1 cuil. à café de persil frais finement haché
- 1 cuil. à café de marjolaine fraîche hachée
- 2 cuil. à soupe de vinaigre de vin blanc
- sel et poivre
- 55 g de pignons
- 1 gousse d'ail, hachée
- 225 g de tomates, mondées, épépinées et concassées
- 85 g de parmesan ou de grana padano

méthode

1 Dans une casserole, chauffer 1 cuillerée à soupe d'huile et 2 cuillerées à soupe de beurre à feu moyen, ajouter l'oignon et cuire 5 minutes en remuant de temps en temps, jusqu'à ce qu'il soit tendre et doré. Réduire le feu, ajouter le riz et cuire 2 à 3 minutes à feu moyen sans cesser de remuer, jusqu'à ce qu'il soit translucide. Mouiller avec une louche de bouillon, cuire sans cesser de remuer jusqu'à absorption et répéter l'opération avec le bouillon restant. Le risotto doit être toujours frémissant. L'opération prend environ 20 minutes.

2 Dans une terrine, émietter le thon, ajouter les olives, le piment, le persil, la marjolaine et le vinaigre, et saler et poivrer à volonté. Dans une poêle, chauffer l'huile restante, ajouter les pignons et l'ail, et faire revenir 2 minutes à feu vif sans cesser de remuer, jusqu'à ce qu'ils soient dorés. Ajouter les tomates, mélanger et cuire encore 3 à 4 minutes à feu moyen, jusqu'à ce qu'elles soient bien chaudes. Ajouter le tout dans la terrine, mélanger et incorporer la préparation obtenue au risotto après 15 minutes de cuisson.

3 Retirer le risotto du feu, incorporer le beurre restant et le parmesan de sorte qu'ils fondent, répartir dans des assiettes chaudes et servir

poivrons farcis au riz & au thon

ingrédients

POUR 4 PERSONNES

55 g de riz sauvage
55 g de riz brun
4 poivrons de taille moyenne
200 g de thon en saumure, égoutté et émietté
325 g de grains de maïs en boîte (sans sucre ou sel ajouté), égouttés
100 g de cheddar, râpé
1 botte de feuilles de basilic fraîches, ciselées
sel et poivre
2 cuil. à soupe de chapelure sèche
1 cuil. à soupe de parmesan râpé
feuilles de basilic fraîches, en garniture
mesclun, en accompagnement

méthode

1 Préchauffer le gril à température moyenne. Mettre le riz sauvage et le riz brun dans deux casseroles séparées, couvrir d'eau et cuire 15 minutes, ou procéder selon les instructions figurant sur le paquet. Égoutter et réserver.

2 Couper les poivrons en deux, épépiner et retirer les membranes. Disposer sur une grille, côté coupé vers le bas, et passer au gril 5 minutes de chaque côté.

3 Transférer le riz dans une terrine, ajouter le thon et le maïs, et incorporer délicatement le cheddar et le basilic. Saler et poivrer.

4 Farcir les poivrons avec le mélange obtenu. Mélanger la chapelure et le parmesan, et parsemer les poivrons. Passer au gril encore 4 à 5 minutes, jusqu'à ce qu'ils soient chauds et dorés. Transférer sur un grand plat de service, garnir de feuilles de basilic et servir immédiatement, accompagné de mesclun.

paella de fruits de mer au citron

ingrédients

POUR 4 À 6 PERSONNES

- 1/2 cuil. à café de filaments de safran
- 2 cuil. à soupe d'eau chaude
- 150 g de filets de cabillaud, sans la peau et rincés à l'eau courante
- 1,3 l de fumet de poisson
- 12 grosses crevettes, décortiquées et déveinées
- 450 g de calmars, parés et coupés en anneaux ou en cubes, ou 450 g de noix de Saint-Jacques, coupées en dés
- 3 cuil. à soupe d'huile d'olive
- 1 gros oignon rouge, haché
- 2 gousses d'ail, hachées
- 1 petit piment rouge frais, épépiné et émincé
- 225 g de tomates, mondées et coupées en quartiers
- 375 g de riz pour paella
- 1 cuil. à soupe de persil frais haché
- 2 cuil. à café d'aneth frais haché
- sel et poivre
- 1 citron coupé en deux, en garniture

méthode

1 Dans un bol, mettre le safran et l'eau, et laisser infuser quelques minutes. Dans une casserole, porter le fumet à ébullition, ajouter le poisson et cuire 5 minutes. Rincer à l'eau courante et égoutter. Ajouter les calmars et les crevettes dans la casserole, cuire 2 minutes et égoutter. Mettre le poisson et les fruits de mer dans une terrine. Laisser mijoter le fumet.

2 Dans un plat à paella, chauffer l'huile, ajouter l'oignon et faire revenir à feu moyen, jusqu'à ce qu'il soit tendre. Ajouter l'ail, le piment et le safran avec son liquide de trempage, et cuire 1 minute en remuant. Ajouter les tomates et cuire 2 minutes en remuant. Ajouter le riz et les fines herbes et cuire 1 minute sans cesser de remuer. Mouiller avec 1 litre de bouillon, porter à ébullition et laisser mijoter 10 minutes sans couvrir. Ne pas remuer pendant la cuisson mais secouer le plat une ou deux fois en ajoutant les ingrédients. Saler et poivrer, et cuire encore 10 minutes, jusqu'à ce que le riz soit presque cuit. Mouiller avec du bouillon supplémentaire si nécessaire, ajouter le poisson et les fruits de mer et cuire 2 minutes.

3 Retirer du feu dès que le liquide est absorbé et qu'une délicate odeur de grillé se dégage. Couvrir de papier d'aluminium, laisser reposer 5 minutes et servir accompagné de citron.

risotto safrané aux noix de Saint-Jacques

ingrédients

POUR 4 PERSONNES

16 noix de Saint-Jacques

jus de 1 citron, un peu plus pour assaisonner

1,2 l de fumet de poisson ou de poulet, frémissant

1 cuil. à soupe d'huile d'olive, un peu plus pour graisser

40 g de beurre

1 petit oignon, finement haché

280 g de riz pour risotto

1 cuil. à café de filaments de safran

sel et poivre

115 g de parmesan, fraîchement râpé

garniture

1 citron, coupé en quartiers

2 cuil. à café de zeste de citron râpé

méthode

1 Dans une terrine non métallique, mettre les noix de Saint-Jacques et le jus de citron, couvrir de film alimentaire et mettre au réfrigérateur 15 minutes.

2 Dans une casserole, chauffer l'huile et 25 g de beurre à feu moyen, ajouter l'oignon et cuire 5 minutes en remuant de temps en temps, jusqu'à ce qu'il soit légèrement doré. Réduire le feu, ajouter le riz et cuire 2 à 3 minutes à feu moyen sans cesser de remuer, jusqu'à ce qu'il soit translucide. Faire infuser le safran dans 4 cuillerées à soupe de bouillon et incorporer au riz. Mouiller avec une louche de bouillon, cuire sans cesser de remuer jusqu'à absorption et répéter l'opération avec le bouillon restant. Le risotto doit être toujours frémissant. L'opération prend environ 20 minutes. Saler et poivrer.

3 Chauffer une poêle à fond rainuré à feu vif, huiler et saisir les noix de Saint-Jacques 3 à 4 minutes de chaque côté. Veiller à ne pas trop les cuire de sorte qu'elles ne soient pas caoutchouteuses.

4 Retirer le risotto du feu, incorporer le beurre restant et le parmesan de sorte qu'ils fondent et arroser de jus de citron. Répartir dans des assiettes chaudes, ajouter les noix de Saint-Jacques et garnir de quartiers de citron. Parsemer de zeste et servir immédiatement.

risotto noir

ingrédients

POUR 6 PERSONNES

1 litre de fumet de poisson ou de poulet, frémissant
2 à 3 cuil. à soupe d'huile d'olive
450 g de calmars, coupés en anneaux, rincés et égouttés
2 cuil. à soupe de jus de citron
25 g de beurre
3 à 4 gousses d'ail, finement hachées
1 cuil. à café de piment séché émietté, selon son goût
350 g de riz pour risotto
125 g de vin blanc sec
2 sachets d'encre de calmar ou de seiche
2 cuil. à soupe de persil plat frais haché
sel et poivre

méthode

1 Dans une poêle, chauffer la moitié de l'huile à feu vif, ajouter les anneaux de calmar et faire revenir 2 à 3 minutes, jusqu'à ce qu'ils soient juste cuits. Transférer dans une assiette et arroser de jus de citron.

2 Dans une casserole, chauffer le beurre et l'huile restante à feu moyen, ajouter l'ail et le piment, et cuire 1 minute. Réduire le feu, ajouter le riz et cuire 2 à 3 minutes à feu moyen sans cesser de remuer, jusqu'à ce qu'il soit translucide. Mouiller avec le vin et cuire 1 minute sans cesser de remuer jusqu'à ce que la préparation ait réduit.

3 Mouiller avec une louche de bouillon, cuire sans cesser de remuer jusqu'à absorption et répéter l'opération avec le bouillon restant. Le risotto doit rester frémissant. L'opération prend environ 20 minutes.

4 Délayer l'encre dans la dernière louche de bouillon et incorporer au risotto avec le calmar et le persil. Saler et poivrer à volonté et servir immédiatement.

risotto de calmar au beurre à l'ail

ingrédients

POUR 4 PERSONNES

8 à 12 petits calmars
1,2 l de fumet de poisson ou de poulet, frémissant
1 cuil. à soupe d'huile d'olive
150 g de beurre
1 petit oignon, finement haché
280 g de riz pour risotto
sel et poivre
3 gousses d'ail, hachées
85 g de parmesan, fraîchement râpé
2 cuil. à soupe de persil frais finement haché, en garniture

méthode

1 Parer les calmars, rincer et sécher avec du papier absorbant. Détailler les tentacules en morceaux. Couper les corps en deux dans la longueur et pratiquer des incisions en losange.

2 Dans une casserole, chauffer l'huile et 25 g de beurre à feu moyen, ajouter l'oignon et cuire 5 minutes sans cesser de remuer, jusqu'à ce qu'il soit tendre et commence à dorer. Réduire le feu, ajouter le riz et cuire 2 à 3 minutes à feu moyen sans cesser de remuer, jusqu'à ce qu'il soit translucide. Mouiller avec une louche de bouillon, cuire sans cesser de remuer jusqu'à absorption et répéter l'opération avec le bouillon restant. Le risotto doit être toujours frémissant. L'opération prend 20 minutes. Saler et poivrer.

3 Dans une poêle, faire fondre 115 g de beurre, ajouter l'ail et cuire 2 minutes, jusqu'à ce qu'il soit tendre. Augmenter le feu, ajouter les calmars et faire revenir 2 à 3 minutes. Retirer les calmars de la poêle à l'aide d'une écumoire et réserver le beurre à l'ail. Veiller à ne pas trop cuire les calmars de sorte qu'ils ne soient pas caoutchouteux.

Retirer le risotto du feu, incorporer le beurre restant et le parmesan de sorte qu'ils fondent, et répartir dans des assiettes chaudes. Garnir de calmars, napper de beurre à l'ail et parsemer de persil. Servir immédiatement.

riz au poisson & aux calmars

ingrédients

POUR 4 PERSONNES

2 cuil. à soupe d'huile d'arachide

3 échalotes, finement hachées

2 gousses d'ail, finement hachées

225 g de riz au jasmin

300 ml de fumet de poisson

4 oignons verts, hachés

2 cuil. à soupe de pâte de curry rouge

225 g de petits calmars, nettoyés et émincés grossièrement

225 g de filets de poisson à chair blanche, sans la peau, coupés en cubes

225 g de filets de saumon, sans la peau, coupés en cubes

4 cuil. à soupe de coriandre fraîche hachée

méthode

1 Dans un wok, chauffer 1 cuillerée à soupe d'huile, ajouter les échalotes et l'ail, et faire revenir 2 à 3 minutes, jusqu'à ce qu'ils soient tendres. Ajouter le riz et faire revenir 2 à 3 minutes.

2 Mouiller avec une louche de fumet et laisser mijoter 12 à 15 minutes, en ajoutant du fumet au fur et à mesure. Transférer dans une terrine, laisser refroidir et mettre au réfrigérateur une nuit.

3 Dans un wok, chauffer l'huile restante, ajouter les oignons verts et la pâte de curry, et faire revenir 2 à 3 minutes. Ajouter les calmars et le poisson, et cuire délicatement en veillant à ne pas briser les morceaux de poisson. Incorporer la préparation à base de riz et la coriandre, réchauffer le tout et servir immédiatement.

risotto de fruits de mer génois

ingrédients

POUR 4 PERSONNES

1,3 l de fumet de poisson ou de poulet, frémissant
3 cuil. à soupe d'huile d'olive
250 g de fruits de mer, crevettes, calmars et moules, par exemple
2 cuil. à soupe d'origan frais haché, un peu plus en garniture
55 g de beurre
2 gousses d'ail, hachées
350 g de riz pour risotto
55 de pecorino ou de parmesan, fraîchement râpé
sel et poivre

méthode

1 Dans une poêle, chauffer 2 cuillerées à soupe d'huile, ajouter les fruits de mer et cuire 5 minutes à feu moyen à vif en remuant de temps en temps. En cas d'utilisation de fruits de mer précuits, faire revenir seulement 2 minutes. Retirer la poêle du feu et ajouter l'origan.

2 Dans une casserole, chauffer l'huile restante et 25 g de beurre à feu moyen jusqu'à ce que le beurre ait fondu. Ajouter l'ail et faire revenir 1 minute sans cesser de remuer. Réduire le feu, ajouter le riz et cuire 2 à 3 minutes à feu moyen sans cesser de remuer, jusqu'à ce qu'il soit translucide.

3 Mouiller avec une louche de bouillon, cuire sans cesser de remuer jusqu'à absorption et répéter l'opération avec le bouillon restant. Le risotto doit rester frémissant. L'opération prend environ 20 minutes.

4 Incorporer les fruits de mer au risotto après 15 minutes de cuisson. Retirer la casserole du feu, saler et poivrer. Ajouter le beurre restant, mélanger et incorporer le pecorino de sorte qu'il fonde. Répartir le risotto dans des assiettes chaudes et servir immédiatement, garni d'origan.

risotto de fruits de mer à la vénitienne

ingrédients

POUR 4 PERSONNES

225 g de crevettes crues, décortiquées et déveinées, parures enveloppées dans un carré de mousseline
2 gousses d'ail, coupées en deux
1 citron, coupé en rondelles
225 g de moules, grattées et ébarbées*
225 g de palourdes, grattées*
600 ml d'eau
115 g de beurre
1 cuil. à soupe d'huile d'olive
1 oignon, finement haché
2 cuil. à soupe de persil plat frais haché
350 g de riz pour risotto
125 ml de vin blanc sec
225 g de calmars, coupés en dés ou en anneaux
4 cuil. à soupe de marsala
sel et poivre

* Jeter les moules et les palourdes qui sont restées fermées après la cuisson.

méthode

1 Piler le carré de mousseline et mettre dans une casserole avec le liquide rendu. Ajouter l'ail, le citron, les coquillages et l'eau, couvrir et porter à ébullition à feu vif. Cuire 5 minutes en secouant souvent la casserole, jusqu'à ce que les coquillages soient ouverts, décoquiller et réserver. Filtrer le liquide de cuisson, reverser 1,2 l dans la casserole et réserver à frémissement.

2 Dans une autre casserole, chauffer l'huile et 25 g de beurre, ajouter l'oignon et la moitié du persil, et cuire 5 minutes, jusqu'à ce que l'oignon soit tendre. Réduire le feu, ajouter le riz et cuire 2 à 3 minutes à feu moyen sans cesser de remuer, jusqu'à ce qu'il soit translucide. Mouiller avec le vin et cuire 1 minute sans cesser de remuer, jusqu'à ce que la préparation réduise. Mouiller avec une louche de bouillon, cuire sans cesser de remuer jusqu'à absorption et répéter l'opération avec le bouillon restant.

3 Dans une poêle, faire fondre 55 g de beurre, ajouter les calmars et cuire 3 minutes. Ajouter les crevettes et cuire encore 2 à 3 minutes, jusqu'à ce que les calmars soient opaques et les crevettes roses. Mouiller avec le marsala, porter à ébullition et cuire jusqu'à évaporation. Incorporer les fruits de mer au risotto, ajouter le beurre restant et le persil, saler et poivrer. Réchauffer le tout et servir immédiatement.

risotto aux palourdes

ingrédients

POUR 6 PERSONNES

50 ml d'huile d'olive

1 gros oignon, finement haché

2 kg de petites palourdes, brossées

125 ml de vin blanc sec

1 litre de fumet de poisson, frémissant

300 ml d'eau

3 gousses d'ail, finement hachées

1/2 cuil. à café de piment séché émietté

400 g de riz pour risotto

3 tomates, pelées et concassées

3 cuil. à soupe de jus de citron

2 cuil. à soupe de persil frais haché

sel et poivre

méthode

1 Dans une casserole, chauffer 1 à 2 cuillerées à soupe d'huile à feu moyen, ajouter l'oignon et cuire 1 minute sans cesser de remuer. Ajouter les palourdes, mouiller avec le vin et couvrir hermétiquement. Cuire 2 à 3 minutes en secouant souvent la casserole, jusqu'à ce que les palourdes s'ouvrent. Retirer du feu et jeter celles qui sont restées fermées.

2 Laisser tiédir les palourdes, décoquiller et rincer dans le liquide de cuisson. Transférer dans une assiette, couvrir et réserver. Filtrer le liquide de cuisson dans un filtre à café ou dans un tamis chemisé de papier absorbant et réserver.

3 Dans une casserole, chauffer l'huile restante à feu moyen, ajouter l'ail et le piment, et cuire 1 minute à feu doux. Réduire le feu, ajouter le riz et cuire 2 à 3 minutes à feu moyen sans cesser de remuer, jusqu'à ce qu'il soit translucide. Mouiller avec une louche de fumet, cuire sans cesser de remuer jusqu'à absorption et répéter l'opération avec le liquide restant. Le risotto doit rester frémissant. L'opération prend environ 20 minutes.

4 Incorporer les tomates, les palourdes, le liquide de cuisson réservé, le jus de citron et le persil, et chauffer le tout à feu doux. Saler et poivrer à volonté, répartir le risotto dans des assiettes chaudes et servir immédiatement.

risotto aux asperges & aux crevettes

ingrédients

POUR 4 PERSONNES

1,2 l de bouillon de légumes
375 g de pointes d'asperges fraîches, coupées en morceaux de 5 cm
2 cuil. à soupe d'huile d'olive
1 oignon, finement haché
1 gousse d'ail, hachée
350 g de riz pour risotto
sel et poivre
450 g de crevettes crues, décortiquées et déveinées
2 cuil. à soupe de tapenade
2 cuil. à soupe de basilic frais haché
parmesan, fraîchement râpé et brins de basilic frais, en garniture

méthode

1 Dans une casserole, porter le bouillon à ébullition, ajouter les asperges et cuire 3 minutes, jusqu'à ce qu'elles soient cuites. Retirer les asperges du bouillon, rafraîchir à l'eau courante, égoutter et réserver.

2 Reverser le bouillon dans la casserole, porter à ébullition et réserver à frémissement.

3 Dans une autre casserole, chauffer l'huile, ajouter l'oignon et cuire 5 minutes à feu moyen en remuant de temps en temps, jusqu'à ce qu'il soit tendre. Ajouter l'ail et cuire 30 secondes.

4 Réduire le feu, ajouter le riz et cuire 2 à 3 minutes à feu moyen sans cesser de remuer, jusqu'à ce qu'il soit translucide. Mouiller avec une louche de bouillon, cuire sans cesser de remuer jusqu'à absorption et répéter l'opération avec le bouillon restant. Le risotto doit être toujours frémissant. L'opération prend environ 20 minutes. Saler et poivrer. Ajouter les crevettes et les asperges avec la dernière louche de bouillon.

5 Retirer la casserole du feu, ajouter la tapenade et le basilic, et rectifier l'assaisonnement. Répartir le risotto dans des assiettes chaudes, garnir de parmesan et de brins de basilic, et servir immédiatement.

riz asiatique aux crevettes

ingrédients

POUR 4 PERSONNES

300 g de riz long grain

2 œufs

4 cuil. à café d'eau froide

sel et poivre

3 cuil. à soupe d'huile de maïs

4 oignons verts, finement émincés en biais

1 gousse d'ail, hachée

125 g de champignons de Paris, finement émincés

2 cuil. à soupe de sauce d'huître

200 g de châtaignes d'eau en boîte, égouttées et émincées

250 g de crevettes cuites, décortiquées

persil finement haché, en garniture (facultatif)

méthode

1 Porter une casserole d'eau salée à ébullition, ajouter le riz en pluie et porter de nouveau à ébullition. Réduire le feu et laisser mijoter 15 à 20 minutes, jusqu'à ce qu'il soit tendre. Égoutter, rincer à l'eau bouillante et égoutter de nouveau. Réserver au chaud.

2 Battre les œufs séparément avec 2 cuillerées à café d'eau froide, saler et poivrer. Dans un wok ou une poêle, chauffer 2 cuillerées à café d'huile, chauffer en la répartissant bien dans le wok jusqu'à ce qu'elle soit presque fumante. Verser le premier œuf battu, étaler dans le wok et cuire sans remuer jusqu'à ce qu'il ait pris. Transférer sur une planche à découper, détailler en carrés de 2,5 cm de côté et répéter l'opération avec le second œuf. Réserver.

3 Dans le wok, chauffer l'huile restante, ajouter les oignons verts et l'ail, et faire revenir 1 minute. Ajouter les champignons et faire revenir encore 2 minutes. Incorporer la sauce d'huître, saler et poivrer. Ajouter les châtaignes d'eau et les crevettes, et faire revenir 2 minutes.

4 Incorporer le riz et faire revenir 1 minute. Ajouter les carrés d'omelette et faire revenir 1 à 2 minutes, jusqu'à ce que le tout soit très chaud. Servir immédiatement, éventuellement garni de persil.

plats de
légumes

Les plats de riz assortis de légumes sont excellents pour la santé, que vous soyez végétarien convaincu ou que vous ayez simplement envie de ne pas manger de viande ou de poisson tous les jours. Certaines idées délicieuses et originales alimenteront agréablement vos conversations avec vos amis à table. Goûtez le risotto au fenouil et à la vodka, ou bien le risotto aux canneberges, à la betterave et au vin rouge. Pour célébrer l'arrivée des légumes nouveaux, au printemps, servez le risotto primavera.

Si votre régime repose sur les légumes, vous savez que les céréales et les haricots s'accordent parfaitement. Adoptez les haricots de Lima, essayez la paella au manchego, la paella aux trois haricots, le pilaf de légumes, le riz & pois cassés ou le risotto aux haricots rouges. Ce dernier est constitué d'un riz brun aux vertus fantastiques ; ses noix de cajou apportent un surcroît de protéines et une texture croquante. Le riz brun doit cuire un peu plus longtemps que le riz blanc : il lui faut 35 à 40 minutes.

Les végétariens peuvent se sentir exclus lors de repas festifs dont le menu accorde la priorité à la viande. Proposez alors le risotto à la citrouille et à la châtaigne qui apporte tous les éléments nutritifs des légumes de l'hiver, ou un risotto aux noix avec son mélange de mascarpone et ses deux fromages italiens. Faites-vous plaisir !

pilaf de légumes

ingrédients

POUR 4 PERSONNES

4 cuil. à soupe d'huile
1 oignon rouge, finement haché
2 branches de céleri tendres, avec les feuilles, coupées en dés
2 carottes, grossièrement râpées
1 piment vert frais, épépiné et haché
3 oignons verts, partie verte incluse, émincés
40 g d'amandes entières, coupées en deux dans la longueur
350 g de riz basmati brun, cuit
150 g de lentilles rouges, cuites
175 ml de bouillon de légumes
5 cuil. à soupe de jus d'orange frais
sel et poivre
feuilles de céleri, en garniture

méthode

1 Dans une poêle, chauffer 2 cuillerées à soupe d'huile à feu moyen, ajouter l'oignon et cuire 5 minutes, jusqu'à ce qu'il soit tendre.

2 Ajouter le céleri, les carottes, le piment, les oignons verts et les amandes, et faire revenir 2 minutes, jusqu'à ce que les légumes soient *al dente*. Transférer dans une terrine et réserver.

3 Chauffer l'huile restante dans la poêle, ajouter le riz et les lentilles, et cuire 1 à 2 minutes à feu moyen sans cesser de remuer, jusqu'à ce que le tout soit bien chaud. Réduire le feu, mouiller avec le bouillon et le jus d'orange, saler et poivrer.

4 Remettre les légumes dans la poêle, bien mélanger et réchauffer le tout. Transférer dans un plat de service chaud, garnir de feuilles de céleri et servir.

risotto aux tomates séchées & au vin rouge

ingrédients

POUR 4 PERSONNES

1 litre de bouillon de légumes
1 litre de vin rouge italien
1 cuil. à soupe d'huile d'olive
3 cuil. à soupe de beurre
1 petit oignon, finement haché
450 g de riz arborio
6 tomates séchées au soleil à l'huile d'olive, égouttées et émincées
1 cuil. à soupe de thym frais haché, un peu plus pour garnir
1 cuil. à soupe de persil frais haché
sel et poivre
55 g de parmesan, fraîchement râpé, plus quelques copeaux pour décorer
10 à 12 feuilles de basilic frais ciselées, en garniture

méthode

1 Dans une casserole, verser le bouillon et le vin, porter à ébullition et réduire le feu. Réserver à frémissement.

2 Dans une casserole, chauffer 2 cuillerées à soupe de beurre et l'huile à feu moyen, ajouter l'oignon et cuire 5 minutes, jusqu'à ce qu'il soit tendre, sans avoir doré.

3 Ajouter le riz et cuire 2 à 3 minutes sans cesser de remuer, jusqu'à ce qu'il soit translucide. Mouiller avec une louche de bouillon, ajouter les tomates séchées et faire revenir sans cesser de remuer jusqu'à absorption. Répéter l'opération avec le bouillon restant. Le risotto doit rester frémissant. L'opération prend environ 20 minutes. Incorporer délicatement le thym et le persil 5 minutes avant la fin de la cuisson. Saler et poivrer.

4 Retirer le risotto du feu et ajouter le beurre restant. Incorporer le parmesan de sorte qu'il fonde, rectifier l'assaisonnement et garnir de copeaux de parmesan, de feuilles de basilic ciselées et de brins de thym.

biryani de légumes

ingrédients

POUR 4 PERSONNES

2 cuil. à soupe d'huile
3 clous de girofle
3 gousses de cardamome, pilées
1 oignon, haché
115 g de carottes, hachées
2 à 3 gousses d'ail, hachées
1 à 2 piments rouges frais, épépinés et hachés
1 morceau de gingembre frais de 2,5 cm, râpé
115 g de chou-fleur, séparé en fleurettes
175 g de brocoli, séparé en fleurettes
115 g de haricots verts, hachés
400 g de tomates en boîte
150 ml de bouillon de légumes
sel et poivre
115 g de gombos, émincés
1 cuil. à soupe de coriandre fraîche hachée, un peu plus en garniture
115 g de riz basmati brun
filaments de safran (facultatif)
zeste râpé de 1 citron vert, en garniture

méthode

1 Dans une casserole, chauffer l'huile à feu doux, ajouter les épices, l'oignon, les carottes, l'ail, les piments et le gingembre, et cuire 5 minutes en remuant souvent.

2 Ajouter le chou-fleur, le brocoli et les haricots verts, et cuire 5 minutes en remuant souvent. Incorporer les tomates, mouiller avec le bouillon, saler et poivrer. Porter à ébullition, réduire le feu et couvrir. Laisser mijoter 10 minutes.

3 Ajouter les gombos et cuire encore 8 à 10 minutes, jusqu'à ce que les légumes soient tendres. Incorporer la coriandre, retirer l'excédent de jus de cuisson et réserver au chaud.

4 Cuire le riz 25 minutes avec le safran dans de l'eau bouillante salée, égoutter et réserver au chaud.

5 Dans une terrine profonde, alterner des couches de légumes et de riz en pressant bien, laisser reposer 5 minutes et démouler sur un plat de service chaud. Servir garni de zeste de citron vert et de coriandre.

paella végétarienne

ingrédients

POUR 4 À 6 PERSONNES

- 1/2 cuil. à café de filaments de safran
- 2 cuil. à soupe d'eau chaude
- 6 cuil. à soupe d'huile d'olive
- 1 oignon espagnol, émincé
- 3 gousses d'ail, émincées
- 1 poivron rouge, épépiné et coupé en dés
- 1 poivron orange, épépiné et coupé en dés
- 1 grosse aubergine, coupée en cubes
- 200 g de riz pour paella
- 625 ml de bouillon de légumes
- 450 g de tomates, mondées et concassées
- sel et poivre
- 115 g de champignons, émincés
- 115 g de haricots verts, coupés en deux
- 400 g de haricots borlotti en boîte

méthode

1 Laisser infuser le safran dans l'eau chaude quelques minutes.

2 Dans un plat à paella, chauffer l'huile à feu moyen, ajouter l'oignon et cuire 2 à 3 minutes sans cesser de remuer, jusqu'à ce qu'il soit tendre. Ajouter l'ail, les poivrons et l'aubergine, et cuire 5 minutes en remuant souvent.

3 Ajouter le riz et cuire 1 minute sans cesser de remuer, jusqu'à ce qu'il soit brillant et bien enrobé de matières grasses. Mouiller avec le bouillon, ajouter les tomates, le safran et son eau de trempage, saler et poivrer. Porter à ébullition, réduire le feu et laisser mijoter 15 minutes en secouant souvent la poêle et en remuant de temps en temps.

4 Incorporer les champignons, les haricots verts et les haricots borlotti avec leur jus, cuire encore 10 minutes et servir immédiatement.

paella aux légumes

ingrédients

POUR 4 À 6 PERSONNES

1/2 cuil. à café de filaments de safran
2 cuil. à soupe d'eau chaude
3 cuil. à soupe d'huile d'olive
1 gros oignon, haché
2 gousses d'ail, hachées
1 cuil. à café de paprika
225 g de tomates, mondées et coupées en quartiers
1 poivron rouge et 1 poivron vert, mondés, épépinés et coupés en lanières
425 g de pois chiches en boîte, égouttés
350 g de riz pour paella
1,3 l de bouillon de légumes
sel et poivre
55 g de petits pois
150 g de pointes d'asperges, blanchies
1 cuil. à soupe de persil plat frais haché, un peu plus pour garnir
1 citron coupé en quartiers, en garniture

méthode

1 Laisser infuser le safran dans l'eau chaude quelques minutes.

2 Dans un plat à paella, chauffer l'huile, ajouter l'oignon et cuire 2 à 3 minutes à feu moyen sans cesser de remuer, jusqu'à ce qu'il soit tendre. Ajouter l'ail, le paprika et le safran avec son liquide de trempage, et cuire 1 minute sans cesser de remuer. Ajouter les tomates, les pois chiches et les poivrons, et cuire 2 minutes.

3 Ajouter le riz et cuire 1 minute sans cesser de remuer, jusqu'à ce qu'il soit translucide. Mouiller avec 1 litre de bouillon, porter à ébullition et réduire le feu. Laisser mijoter 10 minutes sans couvrir. Ne pas remuer pendant la cuisson mais secouer le plat une ou deux fois en ajoutant les ingrédients. Saler et poivrer, ajouter les petits pois, les asperges et le persil, et cuire encore 10 à 15 minutes, jusqu'à ce que le riz soit presque cuit. Mouiller avec du bouillon supplémentaire si nécessaire.

4 Retirer du feu dès que le liquide est absorbé et qu'une délicate odeur de grillé se dégage. Couvrir de papier d'aluminium, laisser reposer 5 minutes et servir accompagné de quartiers de citron et garni de persil.

paella aux trois haricots

ingrédients

POUR 4 À 6 PERSONNES

- 1/2 cuil. à café de filaments de safran
- 2 cuil. à soupe d'eau chaude
- 3 cuil. à soupe d'huile d'olive
- 1 gros oignon rouge, haché
- 2 gousses d'ail, hachées
- 1 petit piment rouge frais, épépiné et émincé
- 1 cuil. à café de paprika
- 1/4 de cuil. à café de poivre de Cayenne
- 1 poivron rouge, coupé en deux, épépiné et passé au gril, puis mondé et émincé
- 225 g de tomates, mondées et coupées en quartiers
- 175 g de pois chiches en boîte (poids égouttés)
- 175 g de haricots rouges (poids égouttés)
- 175 g de haricots de Lima (poids égouttés)
- 350 g de riz pour paella
- 1,3 l de bouillon de légumes, chaud
- 150 g de haricots verts, blanchis
- 1 cuil. à soupe de persil plat frais haché, un peu plus pour garnir
- sel et poivre
- quartiers de citron, en garniture

méthode

1 Laisser infuser le safran dans l'eau chaude quelques minutes.

2 Dans un plat à paella, chauffer l'huile, ajouter l'oignon et cuire 2 à 3 minutes à feu moyen, jusqu'à ce qu'il soit tendre. Ajouter le piment, l'ail, le paprika, le poivre de Cayenne et l'eau safranée, et cuire 1 minute sans cesser de remuer. Ajouter le poivron rouge, les tomates, les pois chiches et les haricots, et cuire encore 2 minutes sans cesser de remuer.

3 Ajouter le riz et cuire 1 minute sans cesser de remuer, jusqu'à ce qu'il soit translucide. Verser 1 litre de bouillon et cuire 10 minutes sans couvrir. Ne pas remuer pendant la cuisson mais secouer le plat une ou deux fois en ajoutant les ingrédients. Ajouter les haricots verts et le persil, saler et poivrer. Secouer le plat et cuire encore 10 à 15 minutes, jusqu'à ce que le riz soit presque cuit. Mouiller avec du bouillon supplémentaire si nécessaire.

4 Retirer du feu dès que le liquide est absorbé et qu'une délicate odeur de grillé se dégage. Couvrir de papier d'aluminium, laisser reposer 5 minutes et servir garni de persil et de quartiers de citron.

paella aux artichauts

ingrédients

POUR 4 À 6 PERSONNES

- 1/2 cuil. à café de filaments de safran
- 2 cuil. à soupe d'eau chaude
- 3 cuil. à soupe d'huile d'olive
- 1 gros oignon, haché
- 1 courgette, grossièrement hachée
- 2 gousses d'ail, hachées
- 1/4 de cuil. à café de poivre de Cayenne
- 225 g de tomates, mondées et coupées en quartiers
- 425 g de pois chiches en boîte, égouttés
- 425 g de cœurs d'artichauts en boîte, égouttés et grossièrement hachés
- 350 g de riz pour paella
- 1,3 l de bouillon de légumes
- 150 g de haricots verts, blanchis
- sel et poivre
- 1 citron coupé en quartiers et du persil ciselé en garniture

méthode

1 Laisser infuser le safran dans l'eau chaude quelques minutes.

2 Dans un plat à paella, chauffer l'huile, ajouter l'oignon et la courgette, et cuire à à feu moyen 2 à 3 minutes sans cesser de remuer, jusqu'à ce qu'ils soient tendres. Ajouter l'ail, le poivre de Cayenne, le safran et son liquide de trempage, et cuire 1 minute sans cesser de remuer. Ajouter les tomates, les pois chiches et les cœurs d'artichauts, et cuire encore 2 minutes sans cesser de remuer.

3 Ajouter le riz et cuire 1 minute sans cesser de remuer, jusqu'à ce qu'il soit translucide. Mouiller avec 1 litre de bouillon, porter à ébullition et laisser mijoter 10 minutes sans couvrir. Ne pas remuer pendant la cuisson mais secouer le plat une ou deux fois en ajoutant les ingrédients. Saler et poivrer, ajouter les haricots verts, et cuire encore 10 à 15 minutes, jusqu'à ce que le riz soit presque cuit. Mouiller avec du bouillon supplémentaire si nécessaire.

4 Retirer du feu dès que tout le liquide est absorbé et qu'une délicate odeur de grillé se dégage. Couvrir de papier d'aluminium, laisser reposer 5 minutes et servir accompagné de quartiers de citron et garni de persil.

paella au manchego

ingrédients

POUR 4 À 6 PERSONNES

½ cuil. à café de filaments de safran
2 cuil. à soupe d'eau chaude
3 cuil. à soupe d'huile d'olive
2 oignons rouges, hachés
2 gousses d'ail, hachées
1 cuil. à café de paprika
225 g de tomates, mondées et coupées en quartiers
1 poivron rouge, coupé en deux, épépiné et passé au gril, puis mondé et émincé
425 g de haricots de Lima en boîte, égouttés
350 g de riz pour paella
1,3 l de bouillon de légumes, frémissant
55 g de petits pois, écossés
55 g de grains de maïs
20 olives noires, dénoyautées et coupées en deux (facultatif)
1 cuil. à soupe de persil plat frais haché
1 cuil. à soupe de thym frais haché
sel et poivre
100 g de manchego
1 citron, coupé en quartiers, en garniture

méthode

1 Faire infuser le safran dans l'eau chaude quelques minutes.

2 Dans un plat à paella, chauffer l'huile, ajouter les oignons et cuire 2 à 3 minutes à feu moyen, jusqu'à ce qu'ils soient tendres. Ajouter l'ail, le paprika et l'eau safranée, et cuire 1 minute sans cesser de remuer. Ajouter les tomates, le poivron et les haricots, et cuire encore 2 minutes.

3 Ajouter le riz et cuire 1 minute sans cesser de remuer, jusqu'à ce qu'il soit translucide. Mouiller avec 1 litre de bouillon, porter à ébullition et laisser mijoter 10 minutes sans couvrir. Ne pas remuer pendant la cuisson mais secouer le plat une ou deux fois en ajoutant les ingrédients. Ajouter les petits pois, le maïs, les olives et les fines herbes, saler et poivrer. Cuire encore 10 à 15 minutes, jusqu'à ce que le riz soit presque cuit. Mouiller avec du bouillon supplémentaire si nécessaire.

4 Retirer du feu dès que tout le liquide est absorbé et qu'une délicate odeur de grillé se dégage. Couvrir de papier d'aluminium et laisser reposer 5 minutes.

5 Détailler le manchego en copeaux à l'aide d'un économe, répartir sur la paella et servir garni de quartiers de citron.

riz & pois cassés

ingrédients

POUR 6 PERSONNES

4 cuil. à soupe de ghee

2 oignons, émincés

1 cuil. à café de gingembre frais râpé

1 cuil. à café d'ail fraîchement haché

1/2 cuil. à café de curcuma en poudre

2 cuil. à café de sel

1/2 cuil. à café de poudre de piment

1 cuil. à café de garam masala

5 cuil. à soupe de yaourt nature

225 g de pois cassés, rincés et mis à tremper 3 heures

1,3 l d'eau

150 ml de lait

1 cuil. à café de filaments de safran

3 graines de cardamome

3 graines de cumin noir

450 g de riz basmati, rincé

3 cuil. à soupe de jus de citron

2 piments verts frais, émincés

2 à 3 cuil. à soupe de feuilles de coriandre fraîche hachées, un peu plus pour la garniture

méthode

1 Dans une poêle, chauffer le ghee, ajouter les oignons et cuire jusqu'à ce qu'ils soient dorés. Transférer la moitié des oignons avec un peu de ghee dans une terrine et réserver.

2 Ajouter le gingembre, l'ail, le curcuma, la moitié du sel, la poudre de piment et le garam masala dans la poêle et faire revenir 5 minutes. Incorporer le yaourt, ajouter les pois cassés et mouiller avec 150 ml d'eau. Couvrir et cuire 15 minutes. Retirer la poêle du feu et réserver. Dans une casserole, verser le lait, ajouter le safran et porter à ébullition. Réserver.

3 Dans une autre casserole, porter à ébullition l'eau restante, ajouter le sel restant, les graines de cumin, les graines de cardamome et le riz, et cuire sans cesser de remuer jusqu'à ce que le riz soit mi-cuit. Égoutter, transférer la moitié du riz dans une terrine et remettre le riz restant dans la casserole. Ajouter la préparation à base de pois cassés, garnir de la moitié des oignons réservés et arroser de la moitié du lait safrané. Ajouter la moitié du jus de citron, des piments et des feuilles de coriandre et couvrir avec le riz réservé et les oignons restants. Ajouter le jus de citron, les piments et les feuilles de coriandre restants, couvrir et cuire 20 minutes à feu très doux. Mélanger, garnir de feuilles de coriandre hachées et servir immédiatement.

potée de lentilles & de riz

ingrédients

POUR 4 PERSONNES

225 g de lentilles rouges, rincées
55 g de riz long grain
1,2 l de bouillon de légumes
1 poireau, coupé en morceaux
3 gousses d'ail, hachées
400 g de tomates concassées en boîte
1 cuil. à café de cumin
1 cuil. à café de poudre de piment
1 cuil. à café de garam masala
1 poivron rouge, épépiné et émincé
100 g de brocoli, séparé en fleurettes
8 mini-épis de maïs, coupés en deux dans la longueur
55 g de haricots verts, coupés en deux
1 cuil. à soupe de basilic frais haché
sel et poivre
brins de basilic frais hachés, en garniture

méthode

1 Dans une cocotte, mettre les lentilles, le riz et le bouillon de légumes, et cuire 20 minutes à feu doux en remuant de temps en temps.

2 Ajouter le poireau, l'ail, les tomates et leur jus, les épices, le poivron, le brocoli, le maïs et les haricots verts. Bien mélanger le tout.

3 Porter à ébullition, réduire le feu et couvrir. Laisser mijoter encore 10 à 15 minutes, jusqu'à ce que les légumes soient tendres. Ajouter le basilic ciselé, saler et poivrer. Garnir de brins de basilic et servir immédiatement.

poivrons farcis

ingrédients

POUR 6 PERSONNES

6 cuil. à soupe d'huile d'olive, un peu plus pour enduire
2 oignons, finement hachés
2 gousses d'ail, hachées
140 g de riz rond
55 g de raisins secs
55 g de pignons
3 cuil. à soupe de persil frais haché
sel et poivre
1 cuil. à soupe de concentré de tomates délayé dans 700 ml d'eau chaude
4 à 6 poivrons

méthode

1 Dans une cocotte, chauffer l'huile, ajouter les oignons et cuire 3 minutes. Ajouter l'ail et cuire encore 2 minutes, jusqu'à ce que les oignons soient tendres, sans avoir doré.

2 Incorporer le riz, les raisins secs et les pignons, ajouter la moitié du persil, saler et poivrer. Mouiller avec le concentré de tomates délayé, porter à ébullition et réduire le feu. Laisser mijoter 20 minutes sans couvrir, en secouant souvent la cocotte, jusqu'à ce que le riz soit tendre, que le liquide soit absorbé et que des cratères apparaissent à la surface du riz. Veiller à ne pas laisser brûler les raisins secs. Incorporer le persil restant, laisser tiédir et réserver.

3 Retirer les sommet des poivrons et réserver. Ôter les membranes et les pépins, farcir et remettre les sommets en maintenant à l'aide de piques à cocktail. Enduire chaque poivron d'huile, disposer dans un plat allant au four en une seule couche et cuire au four préchauffé 30 minutes à 200 °C (th. 6-7), jusqu'à ce que les poivrons soient tendres. Servir chaud ou à température ambiante.

galettes de risotto épicées

ingrédients

POUR 3 PERSONNES

85 g d'oignon, finement haché

85 g de poireau, finement haché

25 g de riz arborio

550 ml de bouillon de légumes

85 g de courgette, râpée

1 cuil. à soupe de basilic frais haché

25 g de chapelure blonde

huile en spray

feuilles de radicchio, en accompagnement

garniture

50 g de fromage frais

50 g de mangue, coupée en dés

1 cuil. à café de zeste de citron vert râpé

1 cuil. à café de jus de citron vert

1 pincée de poivre de Cayenne

méthode

1 Chauffer une poêle antiadhésive à feu vif, ajouter l'oignon et le poireau, et cuire 2 à 3 minutes sans cesser de remuer, jusqu'à ce qu'ils soient tendres, sans laisser dorer.

2 Ajouter le riz, mouiller avec le bouillon et porter à ébullition. Laisser bouillir 2 minutes sans cesser de remuer, réduire le feu et cuire encore 15 minutes en remuant toutes les 2 à 3 minutes. Lorsque le riz est presque cuit et le bouillon absorbé, incorporer la courgette et le basilic, et cuire 5 à 10 minutes à feu vif sans cesser de remuer jusqu'à ce que la préparation soit collante et sèche. Transférer sur une assiette et laisser refroidir.

3 Pour la garniture, mettre les ingrédients dans un bol et mélanger.

4 Diviser la préparation à base de riz en trois, façonner des galettes et creuser une cavité au centre. Placer 1 cuillerée à soupe de garniture dans chaque cavité, refermer les galettes de façon à enfermer la garniture et refaçonner à l'aide d'un couteau. Enrober chaque galette de chapelure, disposer sur une plaque et arroser d'huile en spray. Cuire au four préchauffé 15 à 20 minutes à 200 °C (th. 6-7), jusqu'à ce que les galettes soient dorées. Servir accompagné de feuilles de radicchio.

risotto à la courge d'hiver rôtie

ingrédients

POUR 4 PERSONNES

600 g de courge d'hiver ou de citrouille, pelée et coupée en dés
4 cuil. à soupe d'huile d'olive
1 cuil. à café de miel
2 cuil. à soupe de basilic frais
2 cuil. à soupe d'origan frais
1 cuil. à soupe de beurre
2 oignons, finement hachés
450 g de riz arborio
175 ml de vin blanc sec
1,2 l de bouillon de légumes, frémissant
sel et poivre

méthode

1 Mettre la courge dans un plat allant au four. Mélanger 1 cuillerée à soupe d'huile et le miel, arroser la courge et bien mélanger. Cuire au four préchauffé 30 à 35 minutes à 200 °C (th. 6-7), jusqu'à ce que la courge soit tendre.

2 Dans un robot de cuisine, mettre le basilic et l'origan, ajouter 2 cuillerées à soupe d'huile et mixer jusqu'à ce que le tout soit finement haché et homogène.

3 Dans une poêle, chauffer l'huile restante et le beurre à feu moyen, ajouter les oignons et cuire 8 minutes en remuant de temps en temps, jusqu'à ce qu'ils soient tendres et dorés. Ajouter le riz et cuire 2 minutes sans cesser de remuer.

4 Mouiller avec le vin, porter à ébullition et réduire le feu. Cuire jusqu'à ce que le vin soit absorbé. Mouiller avec une louche de bouillon, cuire sans cesser de remuer jusqu'à absorption et répéter l'opération avec le bouillon restant. Le risotto doit rester frémissant. L'opération prend environ 20 minutes.

5 Incorporer délicatement l'huile aux fines herbes et la courge, et cuire encore 5 minutes, jusqu'à ce que le riz soit crémeux et cuit, mais toujours ferme au centre. Saler, poivrer et servir immédiatement.

risotto au parmesan & aux champignons

ingrédients

POUR 4 PERSONNES

1 litre de bouillon de légumes ou de poule, frémissant
2 cuil. à soupe d'huile d'olive
225 g de riz pour risotto
2 gousses d'ail, hachées
1 oignon, haché
2 branches de céleri, hachées
1 poivron rouge ou vert, épépiné et haché
225 g de champignons, finement émincés
1 cuil. à soupe d'origan frais haché ou 1 cuil. à café d'origan séché
55 g de tomates séchées à l'huile d'olive, égouttées et hachées (facultatif)
55 g de parmesan, fraîchement râpé
sel et poivre
brins de persil plat frais, en garniture

méthode

1 Dans une casserole, chauffer l'huile, ajouter le riz et cuire 2 à 3 minutes à feu doux sans cesser de remuer, jusqu'à ce que les grains soient enrobés d'huile et translucides.

2 Ajouter l'ail, l'oignon, le céleri et le poivron, et cuire 5 minutes en remuant souvent. Ajouter les champignons, cuire encore 3 à 4 minutes, et incorporer l'origan.

3 Mouiller avec une louche de bouillon, cuire sans cesser de remuer jusqu'à absorption et répéter l'opération avec le bouillon restant. Le risotto doit rester frémissant. L'opération prend environ 20 minutes. Ajouter les tomates séchées après 15 minutes de cuisson. Saler et poivrer à volonté.

4 Retirer le risotto du feu, incorporer la moitié du parmesan de sorte qu'il fonde et répartir dans des assiettes chaudes. Saupoudrer de parmesan, garnir de brins de persil et servir immédiatement.

risotto aux noix

ingrédients

POUR 4 PERSONNES

70 g de beurre
1 petit oignon,
    finement haché
280 g de riz arborio
1,25 l de bouillon de légumes
    frémissant
sel et poivre
115 g de cerneaux de noix
85 g de parmesan,
    fraîchement râpé
55 g de mascarpone
55 g de gorgonzola, coupé
    en dés

méthode

1 Dans une casserole, faire fondre 2 cuillerées à soupe de beurre à feu moyen, ajouter l'oignon et cuire 5 à 7 minutes en remuant de temps en temps, jusqu'à ce qu'il soit tendre et commence à dorer. Ne pas laisser brunir.

2 Réduire le feu, ajouter le riz et cuire 2 à 3 minutes sans cesser de remuer, jusqu'à ce que les grains soient translucides.

3 Mouiller avec une louche de bouillon, cuire jusqu'à absorption et répéter l'opération jusqu'à épuisement du bouillon. Le risotto doit rester frémissant. L'opération prend 20 minutes. Saler et poivrer.

4 Dans une poêle, faire fondre 2 cuillerées à soupe de beurre à feu moyen, ajouter les noix et faire revenir 2 à 3 minutes, jusqu'à ce qu'elles commencent à brunir.

5 Retirer le risotto du feu, ajouter le beurre restant et bien mélanger. Incorporer les fromages et remuer jusqu'à ce qu'ils aient fondu. Ajouter les trois quarts des noix et répartir dans des assiettes chaudes. Servir parsemé des noix restantes.

risotto aux quatre fromages

ingrédients

POUR 6 PERSONNES

1 litre de bouillon de légumes, frémissant

40 g de beurre

1 oignon, finement haché

350 g de riz pour risotto

200 ml de vin blanc sec

55 g de gorgonzola, émietté

55 g de fromage italien de type taleggio, râpé

55 g de fontina, râpé

55 g de parmesan, fraîchement râpé

sel et poivre

2 cuil. à soupe de persil plat frais haché, un peu plus pour garnir

méthode

1 Dans une casserole, faire fondre le beurre, ajouter l'oignon et faire revenir 5 minutes à feu doux en remuant de temps en temps. Ajouter le riz et cuire 2 à 3 minutes sans cesser de remuer, jusqu'à ce qu'il soit translucide.

2 Mouiller avec le vin et cuire sans cesser de remuer jusqu'à évaporation. Mouiller avec une louche de bouillon, cuire sans cesser de remuer jusqu'à absorption et répéter l'opération avec le bouillon restant. Le risotto doit être toujours frémissant. L'opération prend environ 20 minutes.

3 Retirer la casserole du feu, ajouter la fontina, le gorgonzola, le taleggio et un quart du parmesan, et mélanger jusqu'à ce qu'ils aient fondu. Saler, poivrer et transférer dans un plat de service chaud. Saupoudrer du parmesan restant, parsemer de persil et servir immédiatement.

risotto à la citrouille & à la châtaigne

ingrédients

POUR 4 PERSONNES

- 1 litre de bouillon de légumes ou de poule, frémissant
- 1 cuil. à soupe d'huile d'olive
- 40 g de beurre
- 1 petit oignon, finement haché
- 225 g de citrouille, coupée en dés
- 225 g de châtaignes, cuites, décortiquées et concassées
- 280 g de riz pour risotto
- 150 ml de vin blanc sec
- 1 cuil. à café de filaments de safran (facultatif)
- 85 g de parmesan, fraîchement râpé
- sel et poivre

méthode

1 Dans une casserole, chauffer l'huile et 25 g de beurre à feu moyen jusqu'à ce que le beurre ait fondu. Ajouter l'oignon et la citrouille, et cuire 5 minutes en remuant de temps en temps, jusqu'à ce que l'oignon soit tendre et doré. Ajouter les châtaignes et mélanger.

2 Réduire le feu, ajouter le riz et cuire 2 à 3 minutes à feu moyen sans cesser de remuer, jusqu'à absorption. Mouiller avec le vin et cuire 1 minute sans cesser de remuer, jusqu'à ce que la préparation ait réduit.

3 Faire infuser le safran dans 4 cuillerées à soupe de bouillon chaud, ajouter dans la casserole et chauffer sans cesser de remuer jusqu'à ce que le bouillon soit absorbé.

4 Mouiller avec une louche de bouillon, cuire sans cesser de remuer jusqu'à absorption et répéter l'opération avec le bouillon restant. Le risotto doit rester frémissant. L'opération prend environ 20 minutes. Saler et poivrer.

5 Retirer le risotto du feu, ajouter le beurre restant et mélanger. Incorporer le parmesan de sorte qu'il fonde, rectifier l'assaisonnement et répartir le risotto dans quatre assiettes chaudes. Servir immédiatement.

risotto primavera

ingrédients

POUR 6 À 8 PERSONNES

- 1,5 l de bouillon de légumes ou de poule, frémissant
- 225 g de pointes d'asperges fines fraîches
- 4 cuil. à soupe d'huile d'olive
- 175 g de haricots verts, coupés en morceaux de 2,5 cm
- 175 g de mini-courgettes, coupées en quartiers et en morceaux de 2,5 cm
- 225 g de petits pois écossés
- 1 oignon, finement haché
- 1 à 2 gousses d'ail, finement hachées
- 350 g de riz pour risotto
- 4 oignons verts, coupés en morceaux de 2,5 cm
- sel et poivre
- 55 g de beurre
- 115 g de parmesan, fraîchement râpé
- 2 cuil. à soupe de ciboulette fraîche ciselée
- 2 cuil. à soupe de basilic frais ciselé
- oignons verts, en garniture (facultatif)

méthode

1 Ébouter les asperges et couper en morceaux de 2,5 cm. Dans une poêle, chauffer 2 cuillerées à soupe d'huile, ajouter les asperges, les petits pois, les haricots verts et les courgettes, et faire revenir 3 à 4 minutes, jusqu'à ce que les légumes soient vert vif et juste tendres. Réserver.

2 Dans une casserole, chauffer l'huile restante, ajouter l'oignon et cuire 3 minutes en remuant de temps en temps, jusqu'à ce qu'il soit tendre. Incorporer l'ail et cuire encore 30 secondes.

3 Réduire le feu, ajouter le riz et cuire 2 à 3 minutes à feu moyen sans cesser de remuer, jusqu'à ce qu'il soit translucide. Mouiller avec une louche de bouillon, cuire sans cesser de remuer jusqu'à absorption et répéter l'opération avec le bouillon restant, excepté 2 cuillerées à soupe. Le risotto doit être toujours frémissant. L'opération prend environ 20 minutes.

4 Incorporer les légumes verts, les oignons verts et le bouillon restant, cuire encore 2 minutes en remuant souvent, saler et poivrer. Incorporer le beurre, la parmesan, la ciboulette et le basilic.

5 Retirer la casserole du feu, répartir le risotto dans quatre assiettes chaudes et garnir éventuellement d'oignons verts. Servir immédiatement.

risotto aux asperges & aux tomates séchées

ingrédients

POUR 4 PERSONNES

1 litre de bouillon de légumes ou de poule, frémissant
1 cuil. à soupe d'huile d'olive
40 g de beurre
1 petit oignon, finement haché
6 tomates séchées au soleil, finement émincées
280 g de riz pour risotto
150 ml de vin blanc sec
sel et poivre
225 g de pointes d'asperges fraîches, cuites
85 g de parmesan, fraîchement râpé
fines lanières de zeste de citron, en garniture

méthode

1 Dans une casserole, chauffer l'huile et 25 g de beurre à feu moyen jusqu'à ce que le beurre ait fondu. Incorporer l'oignon et les tomates séchées, et cuire 5 minutes en remuant de temps en temps, jusqu'à ce que l'oignon soit tendre et commence à dorer.

2 Réduire le feu, ajouter le riz et cuire 2 à 3 minutes à feu moyen sans cesser de remuer, jusqu'à ce qu'il soit translucide. Mouiller avec le vin et cuire sans cesser de remuer jusqu'à ce que la préparation ait réduit.

3 Mouiller avec une louche de bouillon, cuire sans cesser de remuer jusqu'à absorption et répéter l'opération avec le bouillon restant. Le risotto doit être toujours frémissant. L'opération prend environ 20 minutes. Saler et poivrer.

4 Réserver quelques asperges entières pour la garniture, couper les asperges restantes en morceaux de 2,5 cm et incorporer au risotto après 15 minutes de cuisson.

5 Retirer le risotto du feu, ajouter le beurre restant et mélanger. Incorporer le parmesan de sorte qu'il fonde. Répartir le risotto dans des assiettes chaudes et garnir de pointes d'asperges entières. Parsemer de zeste de citron et servir immédiatement.

risotto au fenouil & à la vodka

ingrédients

POUR 4 À 6 PERSONNES

1,3 l de bouillon de légumes ou de poule, frémissant
2 gros bulbes de fenouil
2 cuil. à soupe d'huile d'olive
85 g de beurre
1 gros oignon, finement haché
350 g de riz pour risotto
150 ml de vodka
sel et poivre
5 à 6 cuil. à soupe de jus de citron
60 g de parmesan, fraîchement râpé

méthode

1 Parer le fenouil en réservant les frondes pour la garniture. Couper les bulbes en deux, retirer le cœur blanc et détailler en dés.

2 Dans une casserole, chauffer la moitié du beurre et l'huile à feu moyen jusqu'à ce que le beurre ait fondu. Ajouter l'oignon et le fenouil, et cuire 5 minutes en remuant de temps en temps, jusqu'à ce qu'ils soient tendres. Réduire le feu, ajouter le riz et cuire 2 à 3 minutes à feu moyen sans cesser de remuer, jusqu'à ce que le riz soit translucide. Mouiller avec la vodka et cuire 1 minute sans cesser de remuer, jusqu'à ce que la préparation ait légèrement réduit.

3 Mouiller avec une louche de bouillon, cuire sans cesser de remuer jusqu'à absorption et répéter l'opération avec le bouillon restant. Le risotto doit rester frémissant. L'opération prend environ 20 minutes. Saler et poivrer.

4 Retirer le risotto du feu, ajouter le beurre restant et le jus de citron, et mélanger. Incorporer le parmesan de sorte qu'il fonde et servir immédiatement, garni de frondes de fenouil.

risotto aux cœurs d'artichaut

ingrédients

POUR 4 PERSONNES

225 g de cœurs d'artichaut en boîte

1,2 l de bouillon de légumes ou de poule, frémissant

1 cuil. à soupe d'huile d'olive

40 g de beurre

1 petit oignon, finement haché

280 g de riz pour risotto

85 g de parmesan, fraîchement râpé

sel et poivre

brins de persil plat frais, en garniture

méthode

1 Égoutter les cœurs d'artichaut en réservant le liquide et les couper en quartiers.

2 Dans une casserole, chauffer l'huile et 25 g de beurre à feu moyen jusqu'à ce que le beurre ait fondu. Ajouter l'oignon et cuire 5 minutes à feu doux en remuant de temps en temps, jusqu'à ce qu'il soit tendre et légèrement doré.

3 Réduire le feu, ajouter le riz et cuire 2 à 3 minutes à feu moyen sans cesser de remuer, jusqu'à ce qu'il soit translucide. Mouiller avec une louche de bouillon, cuire sans cesser de remuer jusqu'à absorption et répéter l'opération avec le liquide des artichauts et le bouillon restant. Le risotto doit être toujours frémissant. L'opération prend environ 20 minutes. Ajouter les cœurs d'artichaut après 15 minutes de cuisson. Saler et poivrer à volonté.

4 Retirer le risotto du feu, ajouter le beurre restant et mélanger. Incorporer le parmesan de sorte qu'il fonde et rectifier l'assaisonnement. Répartir le risotto dans des bols chauds, garnir de brins de persil et servir immédiatement.

risotto au bleu

ingrédients

POUR 4 PERSONNES

- 1,2 l de bouillon de légumes ou de poule, frémissant
- 1 cuil. à soupe d'huile d'olive
- 40 g de beurre
- 1 petit oignon, finement haché
- 55 g de lardons
- 280 g de riz pour risotto
- sel et poivre
- 115 de gorgonzola ou de dolcelatte

méthode

1 Dans une casserole, chauffer l'huile et 25 g de beurre jusqu'à ce que le beurre ait fondu. Ajouter l'oignon et les lardons, et cuire 5 minutes en remuant de temps en temps, jusqu'à ce que les lardons soient dorés et que l'oignon soit tendre. Ajouter le riz et cuire 2 à 3 minutes sans cesser de remuer, jusqu'à ce que les grains de riz soient translucides.

2 Mouiller avec une louche de bouillon, cuire sans cesser de remuer jusqu'à absorption et répéter l'opération avec le bouillon restant. Le risotto doit rester frémissant. L'opération prend environ 20 minutes. Saler et poivrer.

3 Retirer le risotto du feu, ajouter le beurre restant et mélanger. Émietter le bleu, incorporer la moitié au risotto de sorte qu'il fonde et poivrer à volonté.

4 Répartir le risotto dans quatre assiettes chaudes, ajouter le bleu restant et servir immédiatement.

risotto aux haricots rouges

ingrédients

POUR 4 PERSONNES

4 cuil. à soupe d'huile d'olive
1 oignon, haché
2 gousses d'ail, finement hachées
175 g de riz brun
600 ml de bouillon de légumes
1 poivron rouge, épépiné et haché
2 branches de céleri, émincées
225 g de champignons de Paris, finement émincés
425 g de haricots rouges en boîte, égouttés et rincés
3 cuil. à soupe de persil frais haché, un peu plus pour la garniture
55 g de noix de cajou
sel et poivre

méthode

1 Dans une casserole, chauffer la moitié de l'huile, ajouter l'oignon et cuire 5 minutes en remuant de temps en temps, jusqu'à ce qu'il soit tendre. Incorporer la moitié de l'ail et cuire encore 2 minutes en remuant souvent. Ajouter le riz et faire revenir 1 minute sans cesser de remuer de façon à enrober les grains d'huile.

2 Mouiller avec le bouillon, ajouter 1 pincée de sel et porter à ébullition sans cesser de remuer. Réduire le feu, couvrir et laisser mijoter 35 à 40 minutes, jusqu'à absorption.

3 Dans une poêle, chauffer l'huile restante, ajouter le poivron et le céleri, et cuire 5 minutes en remuant souvent. Ajouter les champignons et l'ail restant, et cuire encore 4 à 5 minutes, en remuant souvent.

4 Transférer le riz dans la poêle, ajouter les haricots, le persil et les noix de cajou, saler, poivrer et cuire sans cesser de remuer jusqu'à ce que le risotto soit bien chaud. Transférer dans un plat de service chaud, garnir de brins de persil et servir immédiatement.

risotto aux légumes grillés

ingrédients

POUR 4 PERSONNES

1,2 l de bouillon de légumes ou de poule, frémissant
1 cuil. à soupe d'huile d'olive
40 g de beurre
1 petit oignon, finement haché
280 g de riz pour risotto
225 g de légumes grillés, poivrons, courgettes et aubergines par exemple, coupés en morceaux
85 g de parmesan, fraîchement râpé
sel et poivre
2 cuil. à soupe de fines herbes fraîches hachées, en garniture

méthode

1 Dans une casserole, chauffer l'huile et 25 g de beurre à feu moyen jusqu'à ce que le beurre ait fondu. Ajouter l'oignon et cuire 5 minutes en remuant de temps en temps, jusqu'à ce qu'il soit tendre et légèrement doré.

2 Réduire le feu, ajouter le riz et cuire 2 à 3 minutes à feu moyen sans cesser de remuer, jusqu'à ce qu'il soit translucide. Mouiller avec une louche de bouillon, cuire sans cesser de remuer jusqu'à absorption et répéter l'opération avec le bouillon restant. Le risotto doit être toujours frémissant. L'opération prend environ 20 minutes. Réserver quelques légumes pour la garniture et incorporer les légumes restants au risotto après 15 minutes de cuisson. Saler et poivrer.

3 Retirer le risotto du feu, ajouter le beurre restant et mélanger. Incorporer le parmesan de sorte qu'il fonde, répartir le risotto dans des assiettes chaudes et garnir de légumes grillés. Parsemer de fines herbes et servir immédiatement.

risotto aux champignons sauvages

ingrédients

POUR 6 PERSONNES

55 g de champignons porcini séchés
1,2 l de bouillon de légumes ou de poule, frémissant
500 g de champignons sauvages, les plus gros coupés en deux, et brossés
4 cuil. à soupe d'huile d'olive
3 ou 4 gousses d'ail, finement hachées
55 g de beurre
1 oignon, finement haché
350 g de riz pour risotto
50 ml de vermouth blanc sec
sel et poivre
115 g de parmesan, fraîchement râpé
4 cuil. à soupe de persil plat frais haché

méthode

1 Dans une terrine résistant à la chaleur, mettre les champignons porcini, couvrir d'eau bouillante et laisser tremper 30 minutes. Égoutter, sécher avec du papier absorbant et réserver. Filtrer le liquide de trempage et réserver.

2 Dans une poêle, chauffer 3 cuillerées à soupe d'huile, ajouter les champignons sauvages et faire revenir 1 à 2 minutes. Ajouter l'ail et les champignons porcini, cuire 2 minutes en remuant souvent et transférer dans une assiette.

3 Dans une casserole, chauffer l'huile restante et la moitié du beurre, ajouter l'oignon et cuire 2 minutes à feu moyen en remuant de temps en temps, jusqu'à ce qu'il soit tendre. Réduire le feu, ajouter le riz et cuire 2 à 3 minutes à feu moyen sans cesser de remuer, jusqu'à ce qu'il soit translucide. Mouiller avec le vermouth et cuire 1 minute sans cesser de remuer, jusqu'à ce que la préparation ait réduit. Mouiller avec une louche de bouillon, cuire sans cesser de remuer jusqu'à absorption et répéter l'opération avec le bouillon restant. Le risotto doit être toujours frémissant. L'opération prend environ 20 minutes. Mouiller avec la moitié du liquide de trempage réservé, ajouter les champignons, saler et poivrer. Retirer la casserole du feu, ajouter le beurre restant, le parmesan et le persil, et servir immédiatement.

risotto aux canneberges, à la betterave & au vin rouge

ingrédients

POUR 4 À 6 PERSONNES

- 1,2 l de bouillon de légumes ou de poule, frémissant
- 175 g de canneberges séchées
- 225 ml de vin rouge fruité
- 3 cuil. à soupe d'huile d'olive
- 1 gros oignon rouge, finement haché
- 2 branches de céleri, finement hachées
- 1/2 cuil. à café de thym séché
- 1 gousse d'ail, finement hachée
- 350 g de riz pour risotto
- 4 betteraves cuites, coupées en dés
- 2 cuil. à soupe d'aneth frais haché
- 2 cuil. à soupe de ciboulette fraîche hachée
- sel et poivre
- 60 g de parmesan, fraîchement râpé (facultatif)

méthode

1 Dans une casserole, mettre les canneberges séchées et le vin, porter à ébullition et réduire le feu. Laisser mijoter 2 à 3 minutes, jusqu'à ce que la préparation ait légèrement réduit, retirer du feu et réserver.

2 Dans une autre casserole, chauffer l'huile à feu moyen, ajouter l'oignon, le céleri et le thym, et cuire 3 minutes en remuant de temps en temps, jusqu'à ce que le tout soit juste tendre. Ajouter l'ail et cuire encore 30 secondes. Réduire le feu, ajouter le riz et cuire 2 à 3 minutes à feu moyen sans cesser de remuer, jusqu'à ce que le riz soit translucide.

3 Mouiller avec une louche de bouillon, cuire sans cesser de remuer jusqu'à absorption et répéter l'opération avec le bouillon restant. Le risotto doit rester frémissant. L'opération prend environ 20 minutes.

4 Retirer les canneberges du vin à l'aide d'une écumoire et incorporer au risotto après 10 minutes de cuisson. Ajouter les betteraves et mouiller avec la moitié du vin. Continuer à mouiller avec le bouillon et le vin restants jusqu'à la fin de la cuisson.

5 Incorporer l'aneth et la ciboulette. Saler, poivrer et garnir de parmesan râpé. Servir immédiatement.

plats
d'accompagnement

Le riz permet de remplacer agréablement les pommes de terre ou le pain. Il est si adaptable qu'il peut compléter discrètement le plat principal ou lui voler la vedette !

En Chine et en Thaïlande, le riz est consommé en grandes quantités et préparé de plusieurs manières. Le riz au jasmin, au citron et au basilic accompagne agréablement un plat thaï. Le lait de coco intervient dans de nombreux mets concoctés dans cette région du monde. Le riz à la noix de coco & à l'ananas décoré de copeaux de noix de coco grillés est riche et onctueux.

Le riz au porc & aux crevettes est incontournable. En ajoutant quelques légumes et de croquants oignons frits, vous obtiendrez un repas quasiment complet. Le riz aux légumes grillés vous permet de cuire tous vos ingrédients dans une poêle, et de protéger tous les éléments nutritionnels des aliments.

Beaucoup de pays proposent un plat d'accompagnement à base de riz. En Espagne, on y ajoute parfois du xérès, dont le goût se marie parfaitement avec des viandes comme le veau, le porc ou le poulet. Aux Antilles, le riz est parfumé à la cannelle et au piment vert très relevé, tandis que les Mexicains l'égayent avec de la coriandre. Le riz épicé des Indiens se conjugue avec les curry. Et maintenant, à vous !

riz au porc & aux crevettes

ingrédients

POUR 4 PERSONNES

3 cuil. à café d'huile d'arachide

1 œuf, légèrement battu

100 g de crevettes crues, décortiquées, déveinées et coupées en deux

100 g de cha siu (porc grillé), finement haché

2 cuil. à soupe d'oignon vert, haché

200 g de riz cuit, froid

1 cuil. à café de sel

méthode

1 Dans un wok préchauffé, chauffer 1 cuillerée à soupe d'huile, verser l'œuf battu et cuire jusqu'à ce qu'il soit brouillé. Retirer du wok et réserver.

2 Dans le wok, chauffer l'huile restante, ajouter les crevettes, le porc et l'oignon vert, et faire revenir 2 minutes. Ajouter le riz et le sel en aérant bien les grains, et faire revenir encore 2 minutes. Incorporer l'œuf et servir immédiatement.

riz pour sushis

ingrédients

POUR 4 PERSONNES

250 g de riz pour sushi
325 ml d'eau
1 morceau de kombu (facultatif)
2 cuil. à soupe d'assaisonnement pour riz

méthode

1 Rincer le riz à l'eau courante, jusqu'à ce que l'eau qui s'en écoule soit claire, et égoutter. Mettre le riz dans une casserole, ajouter l'eau et le morceau de kombu, et couvrir. Porter à ébullition aussi rapidement que possible.

2 Retirer le morceau de kombu, réduire le feu et laisser mijoter 10 minutes. Éteindre le feu et laisser reposer 10 minutes. Veiller à ne pas ôter le couvercle une fois le morceau de kombu retiré de la casserole.

3 Transférer le riz dans un plat peu profond et arroser uniformément d'assaisonnement pour riz. D'une main, mélanger le riz à l'aide d'une spatule et de l'autre, aérer le riz de sorte qu'il refroidisse rapidement en veillant à ne pas casser les grains.

4 Le riz pour sushis doit avoir un aspect brillant et être à température ambiante avant utilisation.

riz à la noix de coco

ingrédients

POUR 4 PERSONNES

- 2 cuil. à soupe d'huile
- 1 oignon, haché
- 400 g de riz long grain, rincé et égoutté
- 1 cuil. à soupe de lemon grass fraîchement haché
- 500 ml de lait de coco
- 400 ml d'eau
- 6 cuil. à soupe de copeaux de noix de coco, grillés

méthode

1 Dans une grande casserole, chauffer l'huile à feu doux, ajouter l'oignon et cuire 3 minutes en remuant souvent. Ajouter le riz et le lemon grass, et cuire encore 2 minutes sans cesser de remuer.

2 Mouiller avec le lait de coco et l'eau, porter à ébullition et réduire le feu. Couvrir et laisser mijoter 20 à 25 minutes, jusqu'à ce que tout le liquide soit absorbé. Si le riz n'est pas assez cuit, ajouter un peu d'eau et poursuivre la cuisson.

3 Retirer du feu, incorporer délicatement la moitié des copeaux de noix de coco et transférer dans un plat de service. Parsemer des copeaux de noix de coco restants et servir immédiatement.

riz doré

ingrédients

POUR 4 PERSONNES

- 1 cuil. à café de filaments de safran
- 2 cuil. à soupe d'eau chaude
- 2 cuil. à soupe de ghee ou d'huile
- 3 oignons, hachés
- 3 cuil. à soupe de beurre
- 1 cuil. à café de cumin
- 1 cuil. à café de cannelle en poudre
- 1 cuil. à café de sel
- 1/2 cuil. à café de poivre
- 1/2 cuil. à café de paprika
- 3 feuilles de laurier
- 400 g de riz long grain, rincé et égoutté
- 850 ml de bouillon de légumes ou d'eau
- 100 g de noix de cajou, dorées

méthode

1 Faire infuser le safran dans l'eau chaude quelques minutes.

2 Dans une casserole, chauffer le ghee à feu doux, ajouter les oignons et cuire 5 minutes en remuant souvent. Ajouter le beurre, le cumin, la cannelle, le sel, le poivre, le paprika et les feuilles de laurier, et cuire 2 minutes sans cesser de remuer. Ajouter le riz et cuire encore 3 minutes sans cesser de remuer. Ajouter l'eau safranée et mouiller avec le bouillon.

3 Porter à ébullition, réduire le feu et couvrir. Laisser mijoter 20 à 25 minutes, jusqu'à ce que le liquide soit absorbé. Si le riz n'est pas assez cuit, ajouter un peu d'eau et poursuivre la cuisson.

4 Retirer du feu, jeter les feuilles de laurier et rectifier l'assaisonnement. Incorporer les noix de cajou et servir chaud.

riz au xérès

ingrédients

POUR 4 À 6 PERSONNES

2 cuil. à soupe d'huile d'olive

1 gros oignon rouge, finement haché

1 grosse gousse d'ail, hachée

400 g de riz rond

225 ml de xérès

1 litre de bouillon de poule, chaud

1 pincée de poivre de Cayenne

sel et poivre

méthode

1 Dans une cocotte, chauffer l'huile, ajouter l'oignon et cuire 3 minutes. Ajouter l'ail et cuire encore 2 minutes, jusqu'à ce que l'oignon soit tendre sans avoir doré.

2 Rincer le riz à l'eau courante, égoutter et ajouter dans la cocotte. Mouiller avec le xérès en réservant 2 cuillerées à soupe et porter à ébullition. Verser le bouillon, ajouter le poivre de Cayenne, saler et poivrer. Porter à ébullition, réduire le feu et laisser mijoter 20 minutes sans couvrir et sans remuer, jusqu'à ce que presque tout le bouillon soit absorbé et que des cratères apparaissent à la surface.

3 Éteindre le feu, arroser de xérès et couvrir. Laisser reposer 10 minutes, jusqu'à ce que tout le liquide ait été absorbé.

riz au jasmin, au citron & au basilic

ingrédients

POUR 4 PERSONNES

400 g de riz au jasmin

725 ml d'eau

zeste finement râpé d'un demi-citron

2 cuil. à soupe de basilic frais ciselé, en garniture

méthode

1 Rincer le riz à l'eau courante jusqu'à ce qu'il rende une eau claire. Dans une casserole, porter l'eau à ébullition et ajouter le riz.

2 Porter de nouveau à ébullition, réduire le feu et couvrir. Laisser mijoter 12 minutes, retirer du feu et laisser reposer 10 minutes sans ôter le couvercle.

3 Aérer les grains de riz à l'aide d'une fourchette, incorporer le zeste de citron et servir garni de basilic frais ciselé.

riz à la noix de coco & à l'ananas

ingrédients

POUR 4 PERSONNES

200 g de riz long grain
450 ml de lait de coco
2 tiges de lemon grass
175 ml d'eau
2 tranches d'ananas, pelées et coupées en dés
2 cuil. à soupe de noix de coco grillée
sauce au piment, en accompagnement

méthode

1 Rincer le riz à l'eau courante jusqu'à ce qu'il rende une eau claire. Transférer dans une casserole et ajouter le lait de coco.

2 Sur une planche à découper, mettre les tiges de lemon grass et écraser à l'aide d'un maillet ou d'un rouleau à pâtisserie. Ajouter dans la casserole.

3 Ajouter l'eau, porter à ébullition et réduire le feu. Couvrir hermétiquement et laisser mijoter 15 minutes à feu doux. Retirer du feu et aérer les grains de riz à l'aide d'une fourchette.

4 Retirer le lemon grass, ajouter les dés d'ananas et parsemer de noix de coco grillée. Servir immédiatement, accompagné de sauce au piment.

riz des Caraïbes

ingrédients

POUR 4 PERSONNES

2 cuil. à soupe de beurre
1 oignon, haché
1 gousse d'ail, finement hachée
1 carotte, hachée
400 g de pois congo en boîte, rincés et égouttés
1 bâton de cannelle
1 brin de thym frais
55 g de crème de coco en bloc
1 piment vert frais, épépiné et haché
600 ml de bouillon de légumes
sel et poivre
400 g de riz long grain

méthode

1 Dans une cocotte, faire fondre le beurre, ajouter l'oignon et l'ail, et cuire 5 minutes à feu doux en remuant de temps en temps, jusqu'à ce qu'ils soient tendres.

2 Ajouter la carotte, les pois congo, le bâton de cannelle, le thym, la crème de coco et le piment, mouiller avec le bouillon, saler et poivrer. Porter à ébullition en remuant souvent.

3 Ajouter le riz, porter de nouveau à ébullition et réduire le feu. Couvrir et laisser mijoter 15 minutes, jusqu'à ce que le riz soit tendre et que tout le liquide soit absorbé. Retirer les brins de thym et le bâton de cannelle, aérer les grains de riz à l'aide d'une fourchette, transférer dans des assiettes et servir immédiatement.

riz au safran & ses légumes verts

ingrédients

POUR 4 À 6 PERSONNES

1 pincée de filaments de safran

1,2 l de bouillon de légumes, chaud

2 cuil. à soupe d'huile d'olive vierge extra

1 gros oignon, finement haché

1 grosse gousse d'ail, hachée

400 g de riz rond

100 g de haricots verts fins, hachés

sel et poivre

100 g de petits pois surgelés

persil plat frais, en garniture

méthode

1 Faire infuser les filaments de safran dans le bouillon chaud quelques minutes.

2 Dans une cocotte, chauffer l'huile à feu moyen à vif, ajouter l'oignon et cuire 3 minutes. Ajouter l'ail et cuire encore 2 minutes, jusqu'à ce que l'oignon soit tendre, sans avoir doré.

3 Rincer le riz à l'eau courante jusqu'à ce qu'il rende une eau claire, égoutter et incorporer dans la cocotte avec les haricots. Mouiller avec le bouillon safrané, saler, poivrer et porter à ébullition. Réduire le feu et laisser mijoter 12 minutes sans couvrir et sans remuer.

4 Incorporer les petits pois et laisser mijoter encore 8 minutes, jusqu'à ce que tout le liquide soit absorbé et que les petits pois soient tendres. Rectifier l'assaisonnement et garnir de persil.

sauté de légumes verts au riz au jasmin

ingrédients

POUR 4 PERSONNES

225 g de riz au jasmin
2 cuil. à soupe d'huile d'arachide
1 cuil. à soupe de pâte de curry verte
6 oignons verts, émincés
2 gousses d'ail, hachées
1 courgette, coupée en fins bâtonnets
115 g de haricots verts
175 g d'asperges, parées
3 à 4 feuilles de basilic thaï frais

méthode

1 Cuire le riz dans de l'eau bouillante salée 12 à 15 minutes, bien égoutter et laisser refroidir. Mettre au réfrigérateur une nuit.

2 Dans un wok, chauffer l'huile, ajouter la pâte de curry et faire revenir 1 minute. Ajouter l'ail et les oignons verts, et faire revenir encore 1 minute.

3 Ajouter la courgette, les haricots verts et les asperges, et faire revenir 3 à 4 minutes, jusqu'à ce que le tout soit juste tendre. Aérer le riz, ajouter dans le wok et cuire 2 à 3 minutes sans cesser de remuer, jusqu'à ce que le riz soit chaud. Incorporer les feuilles de basilic thaï et servir chaud.

fu yung

ingrédients

POUR 4 À 6 PERSONNES

- 2 œufs
- 1/2 cuil. à café de sel
- 1 pincée de poivre blanc
- 1 cuil. à café de beurre fondu
- 2 cuil. à soupe d'huile d'arachide
- 1 cuil. à café d'ail très finement haché
- 1 petit oignon, finement haché
- 1 poivron vert, finement émincé
- 450 g de riz cuit, froid
- 1 cuil. à soupe de sauce de soja claire
- 1 cuil. à soupe d'oignon vert finement haché
- 140 g de germes de soja, parés
- 2 gouttes d'huile de sésame

méthode

1 Battre les œufs avec le sel et poivre. Dans une poêle, chauffer le beurre, verser les œufs battus et cuire, jusqu'à ce que l'omelette ait pris. Retirer de la poêle et couper en petites lanières fines.

2 Dans un wok préchauffé, chauffer l'huile, ajouter l'ail et faire revenir jusqu'à ce que les arômes se développent. Ajouter l'oignon et faire revenir 1 minute. Ajouter le poivron et cuire 1 minute sans cesser de remuer. Incorporer le riz et bien mélanger de façon à séparer les grains. Ajouter la sauce de soja et cuire encore 1 minute.

3 Ajouter l'oignon vert et les lanières d'omelette, ajouter les germes de soja et incorporer l'huile de sésame. Faire revenir encore 1 minute et servir immédiatement.

sauté de riz aux œufs

ingrédients

POUR 4 PERSONNES

150 g de riz long grain
3 œufs, battus
2 cuil. à soupe d'huile
2 gousses d'ail, hachées
4 oignons verts, hachés
125 g de petits pois cuits
1 cuil. à soupe de sauce de soja
1 pincée de sel
oignons verts ciselés, en garniture

méthode

1 Cuire le riz 10 à 12 minutes dans l'eau bouillante salée, jusqu'à ce qu'il soit juste cuit sans être tendre. Égoutter, rincer à l'eau courante et égoutter de nouveau.

2 Dans une poêle, verser les œufs battus et cuire à feu doux jusqu'à ce qu'ils soient brouillés. Retirer la poêle du feu et réserver.

3 Préchauffer un wok à feu moyen, ajouter l'huile et incliner le wok de façon à la répartir uniformément. Chauffer jusqu'à ce que l'huile soit fumante, ajouter l'ail, les oignons verts et les petits pois, et faire revenir 1 à 2 minutes en remuant de temps en temps.

4 Ajouter le riz dans le wok, bien mélanger et incorporer les œufs brouillés, la sauce de soja et le sel.

5 Transférer immédiatement dans un plat de service et servir garni d'oignons verts ciselés.

poêlée de riz aux légumes & aux oignons croustillants

ingrédients

POUR 4 PERSONNES

4 cuil. à soupe d'huile d'arachide

2 gousses d'ail, finement hachées

2 piments rouges frais, épépinés et finement hachés

115 g de champignons, émincés

50 g de pois mange-tout, coupés en deux

50 g de mini-épis de maïs, coupés en deux

3 cuil. à soupe de sauce de soja thaïe

1 cuil. à soupe de sucre roux

quelques feuilles de basilic thaï

350 g de riz long grain cuit, froid

2 œufs, battus

2 oignons, émincés

méthode

1 Dans un wok ou une poêle, chauffer la moitié de l'huile, ajouter l'ail et les piments, et faire revenir 2 à 3 minutes. Ajouter les champignons, les pois mange-tout et les mini-épis de maïs, et faire revenir encore 2 à 3 minutes. Incorporer la sauce de soja, le sucre, le basilic et le riz.

2 Regrouper la préparation sur un côté du wok, verser les œufs battus à côté et laisser prendre légèrement. Bien mélanger le tout.

3 Dans une autre poêle, chauffer l'huile restante, ajouter les oignons et faire revenir jusqu'à ce qu'ils soient dorés et croustillants. Servir la poêlée garnie d'oignons croustillants.

sauté de riz aux lanières d'omelette

ingrédients

POUR 4 PERSONNES

2 cuil. à soupe d'huile d'arachide
1 œuf, battu avec 1 cuil. à soupe d'eau
1 gousse d'ail, finement hachée
1 petit oignon, finement haché
1 cuil. à soupe de pâte de curry rouge
300 g de riz long grain, cuit et refroidi
55 g de petits pois cuits
1 cuil. à soupe de sauce de poisson
2 cuil. à soupe de ketchup
2 cuil. à soupe de coriandre fraîche hachée

garniture

fleurs de piments rouges
rondelles de concombre

méthode

1 Pour les fleurs de piments, pratiquer quatre incisions de la pointe des piments à leur base, en veillant à ne pas désolidariser les pétales ainsi obtenus. Retirer les pépins, couper chaque pétale encore en deux ou en quatre dans la longueur et plonger les fleurs obtenues dans de l'eau glacée.

2 Dans un wok, chauffer 1 cuillerée à café d'huile, verser l'œuf battu et incliner le wok de sorte que l'œuf soit réparti de façon homogène. Cuire jusqu'à ce que l'omelette ait pris, retirer du wok et enrouler. Réserver.

3 Chauffer l'huile restante dans le wok, ajouter l'ail et l'oignon, et faire revenir 1 minute. Ajouter la pâte de curry et incorporer le riz et les petits pois.

4 Incorporer la sauce de poisson, le ketchup et la coriandre, et transférer le tout sur un plat de service. Détailler le rouleau d'omelette en tranches en veillant à ne pas dérouler et répartir sur la préparation. Garnir de rondelles de concombre et de fleurs de piments, et servir chaud.

riz au citron vert

ingrédients

POUR 4 PERSONNES

2 cuil. à soupe d'huile
1 petit oignon, finement haché
3 gousses d'ail, finement hachées
175 g d'un mélange de riz long grain et de riz sauvage
450 ml de bouillon de poule ou de légumes
jus d'un citron vert
1 cuil. à soupe de coriandre fraîche hachée

méthode

1 Dans une cocotte, chauffer l'huile, ajouter l'oignon et l'ail, et faire revenir 2 minutes à feu doux en remuant de temps en temps. Ajouter le riz et cuire encore 1 minute sans cesser de remuer. Mouiller avec le bouillon, augmenter le feu et porter à ébullition. Réduire le feu de sorte que la préparation reste frémissante.

2 Couvrir et cuire 10 minutes, jusqu'à ce que le riz soit tendre et que tout le liquide soit absorbé. Arroser de jus de citron vert et aérer les grains de riz à l'aide d'une fourchette. Parsemer de coriandre fraîche hachée et servir.

… plats d'accompagnement

riz vert

ingrédients

POUR 4 PERSONNES

1 oignon, coupé en deux et non pelé

6 à 8 grosses gousses d'ail, non pelées

1 gros piment doux, ou 1 poivron vert et 1 petit piment vert

1 botte de coriandre fraîche, hachée

125 ml de bouillon de poule ou de légumes

80 ml d'huile d'olive

175 g de riz long grain

sel et poivre

brins de coriandre fraîche, en garniture

méthode

1 Chauffer une poêle, ajouter l'oignon, l'ail, le piment et le poivron en cas d'utilisation, et cuire jusqu'à ce que le tout soit bien grillé. Couvrir et laisser refroidir.

2 Épépiner le piment et le poivron, monder et hacher la chair. Peler l'oignon et l'ail, et hacher finement. Transférer le tout dans un robot de cuisine, ajouter la coriandre et le bouillon, et mixer jusqu'à obtention d'une purée fluide.

3 Dans une autre poêle, chauffer l'huile, ajouter le riz et faire revenir jusqu'à ce qu'il soit brillant et bien doré. Procéder sans cesser de remuer de sorte que le riz ne brûle pas. Ajouter la préparation précédente, couvrir et cuire 10 à 15 minutes à feu moyen à doux, jusqu'à ce que le riz soit bien tendre.

4 Aérer les grains de riz à l'aide d'une fourchette, couvrir et laisser reposer 5 minutes. Rectifier l'assaisonnement, garnir de brins de coriandre et servir immédiatement.

riz à la mexicaine

ingrédients

POUR 4 PERSONNES

1 oignon, haché
5 gousses d'ail, hachées
225 ml de bouillon de poule ou de légumes
2 cuil. à soupe d'huile
175 g de riz long grain
125 ml d'eau de cuisson de haricots noirs (avec quelques haricots noirs)
$1/2$ cuil. à café de cumin en poudre
sel et poivre

garniture

3 à 5 oignons verts, finement émincés
2 cuil. à soupe de feuilles de coriandre fraîche hachées

méthode

1 Dans un robot de cuisine, mettre l'oignon, l'ail et le bouillon, et mixer jusqu'à obtention d'une sauce épaisse.

2 Dans une casserole, chauffer l'huile, ajouter le riz et faire revenir jusqu'à ce qu'il soit doré. Ajouter la préparation précédente, mouiller avec l'eau de cuisson de haricots noirs et incorporer les haricots noirs. Ajouter le cumin, saler et poivrer.

3 Couvrir et cuire 10 minutes à feu moyen à doux, jusqu'à ce que le riz soit juste tendre.

4 Aérer les grains de riz à l'aide d'une fourchette, couvrir et laisser reposer 5 minutes. Parsemer d'oignons verts et de coriandre, et servir immédiatement.

riz épicé

ingrédients

POUR 4 PERSONNES

175 g de riz basmati
600 ml d'eau
2 clous de girofle entiers
4 gousses de cardamome, légèrement écrasées
1 bâton de cannelle
1 pincée de filaments de safran, légèrement pilés
sel
2 cuil. à soupe de jus de citron vert
1 cuil. à soupe de zeste de citron vert râpé
55 g de raisins secs
25 g de pistaches, concassées

méthode

1 Rincer le riz plusieurs fois, laisser tremper 10 minutes et bien égoutter.

2 Dans une casserole, verser l'eau, ajouter les clous de girofle, les gousses de cardamome, le bâton de cannelle, les filaments de safran et 1 pincée de sel, et porter à ébullition à feu moyen. Ajouter le riz, porter de nouveau à ébullition et réduire le feu. Couvrir et laisser mijoter 10 à 15 minutes. Retirer la casserole du feu et laisser reposer 5 minutes sans découvrir.

3 Aérer les grains de riz à l'aide d'une fourchette, incorporer le jus de citron vert, le zeste, les raisins secs et les pistaches. Rectifier l'assaisonnement et servir immédiatement.

desserts

Nous avons tendance à associer le riz à l'idée de plats relevés, mais ce féculent se prête parfaitement à la confection de desserts. Vous pouvez les préparer sur la plaque de cuisson, au four, mais aussi à la vapeur, avant de les servir chauds, tièdes ou froids.

Selon les pays, les recettes de desserts au riz sont différentes, ce qui permet de transformer la même préparation en une expérience unique. Les Espagnols, par exemple, ajoutent des zestes d'orange et de citron, une gousse de vanille, du lait et de la crème fraîche : l'entremets, dégusté chaud ou froid, acquiert beaucoup d'arôme et d'onctuosité. La version grecque est assez proche, mais servie froide, avec une dose généreuse de cannelle. En Thaïlande, le riz se consomme brûlant, avec du lait de coco agrémenté de différentes épices. Le pudding au riz indien est préparé avec du riz basmati et possède un goût particulier. Les Chinois préparent un merveilleux pudding au riz, cuit à la vapeur et baptisé « gâteau de riz aux huit trésors ». Il est constitué de riz gluant, de fruits secs parfumés aux graines de lotus et se découpe en tranches épaisses. En revanche, le riz au lait aux fruits secs est cuit à la poêle.

Pour ceux d'entre vous qui apprécient un peu de chocolat au dessert, voici un délice : un somptueux gâteau de riz frais au chocolat avec une tombée de cognac !

riz au lait espagnol

ingrédients

POUR 4 À 6 PERSONNES

1 grosse orange
1 citron
1 litre de lait
250 g de riz rond
100 g de sucre en poudre
1 gousse de vanille, fendue
1 pincée de sel
125 ml de crème fraîche épaisse
sucre grain, pour décorer (facultatif)

méthode

1 Zester l'orange et le citron, et râper finement le zeste. Rincer une poêle à l'eau froide et mettre sur le feu sans sécher.

2 Verser le lait dans la casserole, ajouter le riz et porter à ébullition à feu moyen à vif. Réduire le feu, ajouter le sucre, la gousse de vanille, les zestes et le sel, et laisser mijoter environ 30 minutes en remuant souvent, jusqu'à ce que la préparation soit crémeuse et le riz tendre.

3 Retirer la gousse de vanille et ajouter la crème fraîche. Servir immédiatement saupoudré de sucre grain, ou laisser refroidir, couvrir et réserver au réfrigérateur. (En refroidissant, le riz au lait épaissit. Ajouter éventuellement un peu de lait.)

gâteau de riz crémeux

ingrédients

POUR 4 PERSONNES

1 cuil. à soupe de beurre,
   pour graisser
85 g de raisins secs
5 cuil. à soupe de sucre
90 g de riz
1,2 l de lait
1 cuil. à café d'extrait
   de vanille
zeste finement râpé
   d'un gros citron
1 pincée de noix muscade
pistaches hachées,
   pour décorer

méthode

1 Beurrer un moule allant au four d'une contenance de 850 ml.

2 Dans une jatte, mettre les raisins secs, le sucre et le riz, ajouter le lait et l'extrait de vanille, et transférer le mélange obtenu dans le moule. Parsemer de zeste de citron et de noix muscade, et cuire au four préchauffé 2 h 30 à 160 °C (th. 5-6).

3 Retirer du four, transférer dans des bols et décorer de pistaches hachées.

riz au lait à la noix de coco

ingrédients

POUR 4 PERSONNES

400 ml de lait de coco
150 ml de lait
55 g de sucre en poudre
55 g de riz rond
2 cuil. à café de poudre de quatre-épices
30 g de beurre
1 cuil. à café de cannelle en poudre

méthode

1 Dans une casserole, verser le lait de coco et le lait et chauffer à feu doux. Ajouter le sucre et chauffer sans cesser de remuer jusqu'à ce qu'il soit dissous.

2 Ajouter le riz et la poudre de quatre-épices, porter lentement à ébullition et laisser mijoter 45 minutes à 1 heure en remuant souvent, jusqu'à ce que la préparation épaississe.

3 Incorporer le beurre, laisser fondre et servir immédiatement, saupoudré de cannelle.

riz au lait à la grecque

ingrédients
POUR 4 PERSONNES

125 g de riz rond
300 ml d'eau
1 cuil. à soupe de maïzena
600 ml de lait entier
85 g de sucre en poudre
1 cuil. à café d'extrait
 de vanille ou de zeste
 de citron finement râpé
cannelle en poudre,
 pour décorer

méthode

1 Dans une casserole, mettre le riz, ajouter l'eau et porter à ébullition. Laisser mijoter 12 à 15 minutes en remuant de temps en temps, jusqu'à ce que l'eau soit absorbée. Délayer la maïzena dans 2 cuillerées à soupe de lait.

2 Ajouter le lait restant dans la casserole, porter de nouveau à ébullition et laisser mijoter 20 à 25 minutes en remuant souvent, jusqu'à ce que le riz soit très tendre et que presque tout le liquide ait été absorbé. Incorporer le sucre, l'extrait de vanille ou le zeste de citron et la pâte de maïzena, porter de nouveau à ébullition et laisser mijoter encore 5 minutes sans cesser de remuer.

3 Transférer la préparation dans des bols, laisser refroidir complètement et servir, saupoudré de cannelle.

riz au lait à l'indienne

ingrédients

POUR 8 À 10 PERSONNES

75 g de riz basmati
1,2 l de lait
8 cuil. à soupe de sucre
varq (feuilles d'argent)
  ou pistaches hachées,
  pour décorer

méthode

1 Rincer le riz à l'eau courante et transférer dans une casserole. Ajouter 600 ml de lait et porter à ébullition à feu doux. Cuire en remuant souvent jusqu'à ce que le lait soit totalement absorbé par le riz.

2 Retirer du feu et battre 5 minutes à l'aide d'une fourchette en mouvements fermes et circulaires, jusqu'à ce que le riz soit réduit en purée.

3 Incorporer progressivement le lait restant, remettre sur le feu et porter à ébullition à feu doux en remuant de temps en temps.

4 Ajouter le sucre et cuire 7 à 10 minutes sans cesser de remuer, jusqu'à obtention d'une consistance épaisse.

5 Transférer dans un plat de service, décorer de varq ou de pistaches hachées et servir immédiatement.

gâteaux de riz thaïs

ingrédients

POUR 4 PERSONNES

75 g de riz rond
2 cuil. à soupe de sucre de palme
1 gousse de cardamome, fendue
300 ml de lait de coco
150 ml d'eau
3 œufs
115 g de crème de coco en bloc
1 1/2 cuil. à soupe de sucre
copeaux de noix de coco, pour décorer
fruits frais, en accompagnement

méthode

1 Dans une casserole, mettre le riz et le sucre de palme. Retirer les graines de la gousse de cardamome, piler dans un mortier et ajouter dans la casserole. Incorporer le lait de coco et l'eau.

2 Porter à ébullition sans cesser de remuer jusqu'à ce que le sucre soit dissous, réduire le feu et laisser mijoter 20 minutes sans couvrir en remuant de temps en temps, jusqu'à ce que le riz soit tendre et que presque tout le liquide soit absorbé.

3 Répartir la préparation obtenue dans quatre ramequins, lisser la surface et mettre dans un grand plat à rôti. Verser de l'eau dans le plat de sorte que les ramequins soient immergés à demi.

4 Mettre les œufs, la crème de coco et le sucre en poudre dans une jatte, bien battre le tout et répartir dans les ramequins. Couvrir de papier d'aluminium et cuire au four préchauffé 45 à 50 minutes à 180 °C (th. 6), jusqu'à ce que les gâteaux aient pris.

5 Démouler les gâteaux sur des assiettes à dessert, parsemer de copeaux de noix de coco et servir chaud ou froid, accompagné de fruits frais.

riz au lait aux fruits secs

ingrédients

POUR 6 À 8 PERSONNES

1 cuil. à soupe de cacahuètes
1 cuil. à soupe de pignons
1 cuil. à soupe de graines de lotus
225 g d'un mélange de fruits secs (raisins secs, pruneaux, dattes, etc.)
2 litres d'eau
115 g de sucre en poudre
225 g de riz gluant, trempé 2 heures dans de l'eau froide

méthode

1 Faire tremper les cacahuètes, les pignons et les graines de lotus 1 heure dans de l'eau froide. Faire tremper les fruits secs dans de l'eau jusqu'à ce qu'ils soient moelleux. Hacher les plus gros fruits.

2 Dans une casserole, porter l'eau à ébullition, ajouter le sucre et chauffer sans cesser de remuer jusqu'à ce que le sucre soit dissous. Égoutter le riz, les cacahuètes, les pignons, les graines de lotus et les fruits secs, ajouter le tout dans la casserole et porter de nouveau à ébullition. Couvrir et laisser mijoter 1 heure à feu très doux en remuant souvent.

gâteau de riz aux huit trésors

ingrédients

POUR 6 À 8 PERSONNES

- 225 g de riz gluant, trempé 2 heures dans de l'eau froide
- 100 g de sucre en poudre
- 2 cuil. à soupe de saindoux
- 2 kumquats séchés, finement hachés
- 3 pruneaux, finement hachés
- 5 dattes, trempées 20 minutes dans de l'eau chaude, puis finement hachées
- 1 cuil. à café de raisins secs
- 12 graines de lotus (en cas d'utilisation de graines séchées, faire tremper 1 heure dans de l'eau chaude)
- 100 g de pâte de haricot rouge sucrée

méthode

1 Cuire le riz 20 minutes à la vapeur, jusqu'à ce qu'il soit tendre, laisser refroidir et ajouter le sucre et le saindoux. Mélanger avec les mains de façon à obtenir une pâte collante homogène.

2 Répartir les fruits secs et les graines dans le fond d'un moule à pudding, couvrir avec la moitié du riz et presser fermement avec la paume des mains en lissant la surface.

3 Napper de pâte de haricot, ajouter le riz restant et presser de nouveau fermement en lissant la surface.

4 Cuire 20 minutes à la vapeur, laisser tiédir et démouler sur un plat de service. Couper en tranches fines au moment de servir.

riz au lait chocolaté

ingrédients

POUR 8 PERSONNES

100 g de riz long grain
1 pincée de sel
300 ml de lait
100 g de sucre cristallisé
200 g de chocolat noir, haché
4 cuil. à soupe de beurre, coupé en dés
1 cuil. à café d'extrait de vanille
2 cuil. à soupe de cognac
175 ml de crème fraîche épaisse
crème fouettée, pour décorer (facultatif)
copeaux de chocolat, pour décorer (facultatif)

méthode

1 Porter une casserole d'eau à ébullition, verser le riz en pluie et ajouter le sel. Réduire le feu et laisser mijoter 15 à 20 minutes à feu doux, jusqu'à ce que le riz soit juste tendre. Égoutter, rincer et égoutter de nouveau.

2 Dans une autre casserole, mettre le lait et le sucre, et chauffer à feu moyen en remuant souvent jusqu'à ce que le sucre soit dissous. Ajouter le chocolat et le beurre, et chauffer sans cesser de remuer jusqu'à ce qu'ils aient fondu et que la préparation soit homogène.

3 Incorporer le riz cuit et réduire le feu. Couvrir et laisser mijoter 30 minutes en remuant de temps en temps, jusqu'à ce que le lait soit absorbé et que la préparation épaississe. Incorporer l'extrait de vanille et le cognac, retirer du feu et laisser refroidir.

4 À l'aide d'un batteur électrique, fouetter la crème fraîche, incorporer d'abord 1 cuillerée à soupe à la préparation précédente puis ajouter la crème restante.

5 Transférer dans des coupes à dessert, couvrir et mettre au réfrigérateur 2 heures. Décorer éventuellement de crème fouettée et de copeaux de chocolat. Servir froid.

riz au lait glacé

ingrédients

POUR 4 PERSONNES

- 115 g de riz rond
- 300 ml de lait
- 300 ml de crème fraîche épaisse, un peu plus pour décorer
- 55 g de sucre en poudre
- 1 cuil. à soupe de zeste de citron râpé
- 1 cuil. à café de cannelle en poudre, un peu plus pour décorer

méthode

1 Rincer le riz, transférer dans une jatte résistant à la chaleur et ajouter le lait, la crème fraîche, le sucre, le zeste de citron et la cannelle. Disposer sur une casserole d'eau frémissante, couvrir et cuire 55 minutes en remuant de temps en temps, jusqu'à ce que tout le liquide soit absorbé et que le riz soit tendre.

2 Retirer du feu, transférer la préparation dans des coupes à dessert et laisser refroidir. Couvrir et mettre 2 à 3 heures au réfrigérateur, jusqu'à ce que le riz au lait ait pris.

3 Fouetter la crème fraîche supplémentaire, décorer chaque coupe, saupoudrer de cannelle et servir.

index

b
biryani de légumes 132
bœuf & son riz aux sept épices 54

e
en-cas au poisson 24

f
fu yung 202

g
galettes de risotto épicées 150
gâteau de riz aux huit trésors 234
crémeux 222
gâteaux de riz thaïs 230

h
hachis de porc 60

j
jambalaya de poulet 92

p
paella
  au jambon & au chorizo 72
  au manchego 142
  aux artichauts 140
  aux légumes 136
  aux noix de cajou 40
  aux trois haricots 138
  de fruits de mer au citron 106
  de poulet aux crevettes 96
  du pauvre 66
  du soleil 98
  printanière 76
  végétarienne 134
pilaf
  de crevettes 36
  de poulet 128
poêlée de riz aux légumes & aux oignons croustillants 206
poivrons farcis 148
  au riz & au thon 104

porc
  croustillant & son riz aux cinq épices 64
  pimenté & sa soupe au riz et aux œufs 10
potée de lentilles & de riz 146
poulet
  & riz à la chinoise 90
  aux légumes & son riz à la coriandre 88
  basquaise 94

r
risotto
  à la citrouille & à la châtaigne 160
  à la courge d'hiver rôtie 152
  à la saucisse & au romarin 70
  à la saucisse & aux poivrons 68
  à la sole & à la tomate 100
  à la trévise 26
  au basilic 42
  au bleu 170
  au citron & au romarin 46
  au fenouil & à la vodka 166
  au parmesan & aux champignons 154
  au poulet grillé 84
  au poulet, aux noix de cajou & aux champignons 80
  au thon & aux pignons 102
  aux asperges & aux crevettes 122
  aux asperges & aux tomates séchées 164
  aux boulettes de porc 62
  aux canneberges, à la betterave & au vin rouge 178
  aux champignons cuit au four 78
  aux champignons sauvages 176
  aux cœurs d'artichaut 168
  aux épinards & au jambon 18
  aux haricots rouges 172
  aux légumes grillés 174
  aux noix 156
  aux palourdes 120
  aux quatre fromages 158
  aux tomates séchées & au vin rouge 130
  chinois à la saucisse & au poivron 74
  de calmar au beurre à l'ail 112
  de fruits de mer à la vénitienne 118
  de fruits de mer génois 116
  du soleil 44
  épicé à l'agneau 58
  noir 110
  primavera 162
  safrané au poulet 82
  safrané aux noix de Saint-Jacques 108
  vert à la menthe 48
riz
  & agneau du Xinjiang 56
  & petits pois à l'italienne 16
  & pois cassés 144
  & poulet à la grecque 86
  à la mexicaine 214
  à la noix de coco 186
  à la noix de coco & à l'ananas 194
  asiatique aux crevettes 124
  au chorizo & aux crevettes 20
  au citron vert 210
  au jasmin, au citron & au basilic 192
  au poisson & aux calmars 114
  au porc & aux crevettes 182
  au safran & ses légumes verts 198
  au thon 28
  au xérès 190
  aux crevettes & au lait de coco 34
  des Caraïbes 196
  doré 188
  épicé 216
  jamaïcain aux haricots 38
  pour sushis 184
  vert 212
riz au lait
  à l'indienne 228
  à la grecque 226
  à la noix de coco 224
  aux fruits secs 232
  chocolaté 236
  espagnol 220
  glacé 238
riz frit
  au crabe 30
  au poulet 22

s
salade de riz
  à la dinde 50
  aux crevettes 32
sauté
  de légumes verts au riz au jasmin 200
  de riz aux lanières d'omelette 208
  de riz aux œufs 204
  de riz chinois 14
soupe
  d'agneau au riz 8
  de tomate au riz & à l'estragon 12